Ensslin Reitertipps

Pferdeliebe grenzenlos

Pferde verstehen lernen

Text: Sybille Mellenthin

ENSSLIN

Inhalt

Vorwort

Liebes Pferdemädchen!

Wer gut mit Pferden umgehen kann,
der hört sie sprechen. Wer sehr gut mit
Pferden umgehen kann, der hört sie flüstern.
Aber wer nicht mit Pferden umgehen kann,
der hört sie nicht einmal schreien.

Ein Pferd beherrscht unsere Abc-Sprache nicht. Es kann nicht:
„Ich mag dich!" aussprechen. Und doch hat es einen Weg gefunden, uns genau dies mitzuteilen. Ein sanfter Stupser mit
der Nase ist seine Sprache. Oder ein leises Schnobern, wenn du
wieder kommst, wenn es deine Stimme hört. Manche Pferde erkennen ihren Menschen schon am Motorgeräusch seines sich
nähernden Autos und schicken zum Gruß ein Wiehern. Ich habe
über all die Jahre versucht, diese geliebten Vierbeiner besser
zu verstehen. Ich tue es noch und werde es weiter probieren.
Und was zeigen wir ihm? Versteht es unsere Liebesbeweise?
Unseren Kummer? Unser Vertrauen?
Manchmal unsere Angst? Wenn wir
einem Pferd nicht jede Eigenständig-
keit, Gefühls- und Denkfähigkeit ab-
sprechen, sicher. Indem wir es öfter
mal „sprechen" lassen, bevor wir etwas
von ihm verlangen, vermeiden wir
viele Missverständnisse – und damit
Unfälle. Gleichzeitig stärken wir sein
Selbstbewusstsein, denn wenn wir ihm
einmal, zweimal, zehnmal gut „zuhören",

Ich bin davon überzeugt,
Pferde versuchen mit uns zu
„sprechen". Einsame Pferde
rufen nach Hilfe. Hungrige
Pferde verlangen nach Essen.
Deutlich zeigt uns ein Pferd
Schmerz und Genuss,
Langeweile und übermütige
Lebensfreude.

ermuntern wir es zu weiteren Kund-
gebungen seiner Meinungen und Stimmungen.
Ist doch sonnenklar. Wenn ein Mensch mir nicht
richtig zuhört, wenn ich etwas erzähle, sage ich ihm in Zukunft
eben nichts mehr. Auch ein Pferd redet nicht gerne gegen
die Wand. Irgendwann verstummt es, stumpft ab, wird krank.
So wird es einem Pferd mit dir nicht ergehen. Denn würdest du
dieses Buch in den Händen halten, wenn du nicht mit Pferden
sprechen wolltest?
Ich wünsche dir und deinem Pferd von Herzen eine schöne,
lange, schwatzhafte Plapperzeit!

Deine Sybille Mellenthin

PS: *In diesem Buch haben Pferde Gefühle.*

Manchmal stelle ich Vermutungen an, was ein Pferd „denken",
was es mit einem Wiehern oder Schnobern oder bloßem Atmen
„sagen" könnte. Dadurch bleibt nicht aus, dass ich Pferde in
diesen Abschnitten „vermenschliche". Genauso versuche ich, uns
Menschen in manchen Abschnitten zu „verpferden". Beides ist
meiner Meinung nach eine gute Schulung für unser Einfühlungs-
vermögen in andere. Daraus können gute Freundschaften
erwachsen, die jeder von uns braucht – zumindest
eine!

Ein vor Glück berauschtes Pferd unterschei-
det sich deutlich von einem todunglückli-
chen. Wer aber grundsätzlich anzweifelt,
dass ein Pferd überhaupt todunglücklich
sein kann, so wie wir Menschen, der wird
nie einen Blick für ihre Gefühle entwickeln
können und auch die traurigsten Pferdeaugen werden ihm nichts sagen. Und wo dieser Blick nicht ist, kann auch kein Interesse erwachsen, einer gequälten Kreatur aus

seiner Not herauszuhelfen oder sie zu lindern. Wo diese Überzeugung fehlt, kann auch keine Freude über ein glückliches
Pferd entstehen.

Menschen, die diesen Blick nicht (gelernt) haben, gibt es überall – in Deutschland, Amerika und auf Mallorca, wo ich zur Zeit
lebe. Und dennoch halten sie Tiere – unglückliche Tiere. Sicher
kennt jeder von uns ein paar von diesen Leuten.

Ihnen entgeht etwas sehr Wesentliches, eine der schönsten
Seiten an der Beschäftigung mit einem Lebewesen. Also unter-
stellen wir „unseren" Pferden lieber eine ganze Palette an
Gefühlen, die wir Menschen auch haben und die wir darum
verstehen lernen können. Sicher haben Pferde nicht
den scharfen Verstand der Menschen. Sicher
können sie keine wissenschaftlichen
Forschungen in Genlabors anstellen.
Ich bin aber fest davon
überzeugt, dass Pferde
eine Seele und
Gefühle haben.
Ich glaube, dass
viele junge Mädchen
meiner Meinung sind,
die Pferde lieben und
kennen und die sich von
dieser Überzeugung nicht
abbringen lassen, nur weil dafür noch keine stichhaltigen,
wissenschaftlichen Beweise erbracht wurden. Trauer, Wut,
Hoffnung, Glück und Tränen taugen in der Wissenschaft nicht
als Beweise, aber uns Menschen tragen diese Gemütszustände
durch ein ganzes Leben. Nehmen wir die Pferde einfach
dabei mit! Einverstanden?

Ich glaube,
Pferde haben eine Seele.

Hör doch mal

Die Ohren eines Pferdes verraten dir viel über seine Stimmung. Aber auch auf andere Art kann es dir viel über sich erzählen: Es wiehert und schnobert, quiekt und schnaubt. Was will es dir damit sagen? Das erfährst du in diesem Kapitel.

Über das Ohrenspiel

Das Ohrenspiel verstehen Pferde meisterhaft zu spielen. Ihre Ohren sind regelrechte „Richtmikrofone", mit denen sie ihre Umwelt ständig nach Geräuschen abhorchen, sogar beim Grasfressen oder beim Dösen.

Jedes Ohr gleichzeitig in eine andere Richtung drehen, das kann auch der beste menschliche Ohrwackler nicht.

Mit seinen Ohren zeigt dir ein Pferd am deutlichsten, wie es sich gerade fühlt.

◡ Zeigt eine Ohrmuschel nach vorn und die andere nach hinten, hat dein Pferd dafür zwei mögliche Gründe: Es hört ein auffälliges Geräusch vor sich und ein auffälliges Geräusch hinter sich. Oder es hört überhaupt kein auffälliges Geräusch. Es will aber rechtzeitig gewappnet sein, wenn es auftaucht. Denn manche Geräusche bedeuten Gefahr und Pferde wissen von ihren frei lebenden Vorfahren: Wer bei Gefahr am schnellsten flüchtet, hat die besten Überlebenschancen.

◡ Liegen die Pferdeohren am Pferdekopf an und zeigt das Pferd insgesamt ein böses Gesicht, bist du gerade unerwünscht. Dann ist mit ihm nicht zu spaßen.

! Sei vorsichtig, wenn das Pferd die Ohren anlegt, denn es könnte dich angreifen!

🐎 Zeigen die dunklen Ohrmuscheln nach vorne zu dir, bist du höchst willkommen.

🐎 Hebt das Pferd jedoch mit gespitzten Ohren alarmiert den Kopf, verspannt den Hals und steht wie angewurzelt da, dann hat es etwas möglicherweise Bedrohliches gehört. Ist ein Pferd angespannt, könnte es scheuen. Mache dich also bei einem solchen Verhalten auf einen Satz gefasst und versuche, dein Pferd mit Worten zu beruhigen.

🐎 Wenn die Ohren irgendwie lässig „hängen", kannst du sicher sein, dass das Pferd gerade döst.

Links siehst du ein aufmerksames, rechts ein dösendes Pferd.

Leise und laute Laute

Pferdegeräusche verstehen

Würde jemand das Taschenlexikon „Die Lautsprache der Pferde" schreiben, wäre er schnell fertig. Dieses Lexikon wäre eher ein Faltblatt oder eine Mini-Broschüre von etwa drei oder vier Seiten.

Einfach gesagt gibt es bei unseren Pferden bloß:

- das laute Wiehern
- Schnobern oder leises Wiehern
- das Quieken

Das laute Wiehern

Kraftvoll hört es sich an, herzhaft und selbstbewusst. Wenn du ausreitest und dich einer Weide mit fremden Pferden näherst, wird dein Pferd wahrscheinlich wiehern, vor allen Dingen, wenn ihr zwei alleine unterwegs seid.

Es wiehert den anderen Pferden zum Gruß, sagt: „Hallo!" und vielleicht: „Wer seid ihr?" Die Weidepferde werden ihre Köpfe heben. – Einige werden zurückwiehern. Schon möglich, dass eine Pferdedame antwortet: „Bist du ein Wallach? Tag! Ich bin eine Stute." Der Herdenboss stößt vielleicht eine Warnung aus: „Bleib aus meiner Weide draußen! Mach bloß keinen Ärger!" Und wer weiß, ob ein friedliebendes Pony deinem Pferd zuwiehert: „Nimm unseren Chef besser ernst! Der zwickt wie Stacheldraht!"

Pferde benutzen das Wiehern meiner Meinung nach für kurze Gruß- oder

Lautes Wiehern
= „Hallo!"-Rufen oder
= „Wo-bist-du?"-Rufen

Hier wird gefragt: „Wer bist du, Fremder?"

Suchmeldungen oder für knappe Klarstellungen. Mir ist auf-
gefallen, dass sich gut bekannte Pferde während sie im Stall
oder auf der Weide stehen, praktisch nie laut zuwiehern. Weil
sie sich gerade nichts zu sagen haben? Sie sind schließlich
friedlich vereint, daher müssen sie einander nicht rufen. Sie
kennen sich schon lange, müssen sich also nicht gegenseitig
vorstellen. Den wiehernden Tumult
gibt es eher, wenn ein fremdes
Pferd auftaucht oder ein selten
gesehener Pferdegast.
Wie gesagt, ich weiß natürlich
nicht, was Pferde sich mitteilen,
wenn sie sich zuwiehern. Aber ich
bin mir fast sicher, dass sie sich
auf diese Weise austauschen,
etwas mitteilen, kurz
und knapp.

Wer öfter von einem Aus-
ritt zum Reitstall zurück-
kehrt, wird das Wiehern
kennen, mit dem sich
längst bekannte Pferde
gegenseitig begrüßen.
Vielleicht sagt das Pferd
unterm Sattel: „Ich bin
gleich wieder bei euch"
und das Pferd im Stall
wiehert: „Schön, dass
du zurück bist".

In ganz seltenen Fällen hört sich ein lautes Wiehern schmerzlich an, wehmütig. Nach Abschied oder traurigem, sehnsüchtigem Rufen. Vielleicht ruft eine Mutter nach ihrem verkauften Kind. Vielleicht weiß sie – irgendwie, von irgendwoher – dass sie ihr Kleines nie wieder sehen wird. Oder ein Pferd ruft nach einem alten Weidefreund, der für alle Zeiten in den Pferdehimmel gezogen ist.

Pferde machen den Mund auf

Beim Wiehern öffnen Pferde den Mund. Sie können auch wiehern, wenn sie eine Trense tragen und dadurch ein Metallgebiss quer auf ihrer Zunge liegt.

Wir Menschen müssen unsere Liebsten manchmal ziehen lassen. So ergeht es auch Pferden.

Wichtig dabei ist, dass Menschen und Pferde nach einer Zeit der Trauer wieder lachen oder fröhlich wiehern können, mit alten und neuen Freunden, Weidekameraden und neuen, übermütigen Fohlen.

Das Schnobern oder leise Wiehern

Die Pferde sehen beim Schnobern meistens zufrieden aus. Sie begrüßen so den freundlichen Menschen, von dem sie immer ihr Futter bekommen. Oder sie sagen „Hallo!" zu jemandem, der immer ein kleines Leckerli für sie in der Tasche hat – und ein nettes Wort. Stuten schnobern in liebevollen Tönen mit ihren Fohlen.

Das Schnobern hört sich an wie ein Schnarchlaut, klingt aber durchaus sympathisch, häufig sogar zärtlich. Manchmal hüpft es in ein leises Wiehern hinüber, um im nächsten Moment wieder zurück zu springen.

Nur manchmal klingt Schnobern ängstlich, wimmernd. Wie ein schwaches Stöhnen. Dann hat das Pferd seelische oder körperliche Schmerzen. Es braucht Hilfe. Verschaffe ihm Erleichterung oder Erlösung, wenn du kannst! Oder hole Hilfe!

Vielleicht bedeutet Schnobern etwas Ähnliches wie: „Ich mag dich!"

**Beim Schnobern beben die Nüstern.
Die Augen blicken warm und freundlich.**

Das Quieken

Das Quieken hört sich zickig an, ist es aber nicht immer. Es sind meistens Stuten, die das Quieken meisterhaft beherrschen, wenn sie Nüstern an Nüstern einem fremden Pferd gegenüberstehen. Zuerst schnaubt die Stute mit großem Einsatz, um plötzlich kampfbereit den Kopf zu werfen, als würde sie maßlos übertrieben nicken. Diese Aktion wird von einem schrillen, lauten Quieken begleitet und meistens auch vom unwilligen Stampfen mit einem Vorderbein. Neuen Bekanntschaften scheinen quieken-de Stuten gleich klar zu machen, wer die Chefin ist. Vielleicht denken sich diese Damen insgeheim: „Ein bisschen auftrampeln, gleich zu Anfang, kann nicht schaden. Wenn es den Neuzugang nachhaltig beeindruckt, gut. Wenn nicht, ist es auch egal".

Quieken
Imponiergehabe meistens von Stuten bei neuen Bekannt-schaften.

„Meine Stute ist eben eine starke Persönlichkeit", seufzt mancher Pferdebesitzer.

Das Quieken gehört aber auch zum Liebesspiel zwischen Hengst und Stute und dann ist es nicht unfreundlich ge-meint, sondern drückt deren Erregung aus.

15

In der Stille liegt die Kraft:
Pferdegespräche – eine Art Luftübertragung?

Das Sich-etwas-Erzählen geht leise vor sich, wie ich glaube.
Der Austausch geschieht Nase an Nase, als würden die Pferde statt

Wörter Luft übertragen. Ein Pferd bläst
das andere in fein abgestimmten Atem-
schwingungen von sehr zart bis beinahe
schnobernd an. Eine Art Luftübertragung,
die sehr schnell geht? Ich weiß es nicht.
Aber natürlich ist es auch ein Zeichen
der Zuneigung zwischen zwei Pferden,
vielleicht vergleichbar mit dem Küssen
beim Menschen.

Das Anatmen ist kein bloßer
Check, ob es noch das gleiche
Pferd wie vorher ist. Das geschieht per Wieher-, Hör- und
Sichtkontakt. Bevor sich zwei
Pferdefreunde, die durch einen
Ritt kurzzeitig getrennt
waren, wieder sehen,
ist ihnen längst klar,
dass beide noch die
gleichen sind.

Freunde:
Zwei, die sich in- und
auswendig kennen.

Pferde haben einen sehr guten Geruchssinn, auch wenn sie nicht solche „Nasentiere" wie Hunde sind. Sie nehmen über die Nase sehr viele Informationen auf. Etwa so, als wären ihre geblähten

Flüstern erlaubt?

Gestatte deinem Pferd, durch die Gitterstäbe an den Nüstern einiger seiner Stallgefährten zu riechen, wenn du es nach dem Ritt in seine Box zurückführst. Lasse es den anderen Pferden kurz von seinem Aufenthalt draußen „erzählen".

Nüstern Satellitenschüsseln. Unterwegs atmen sie an fremden Pferdeäpfeln heftig ein- und aus. Wer weiß, was sie dabei erfahren: Wann das Pferd hier vorübergekommen ist? Auf alle Fälle können sie feststellen, ob der Absender der Pferdeäpfel eine Stute, ein Hengst oder ein Fohlen ist?

Schaut ein Pferd so, „flehmt" es. Das tut es, wenn es einen ganz besonderen Geruch bemerkt hat.

Pferde halten den Kopf manchmal hoch und schnuppern im Wind, als würde der ihnen Botschaften von fremden Orten übermitteln.

Ich kann dich riechen!

Manchmal halte ich meine Nase unter eine Nüster meiner zwei erwachsenen Pferde, von denen ich allerdings weiß, dass sie mich niemals beißen würden. So atmen wir uns eine Weile an. Taranto oder Barbie atmen in unregelmäßigen Abständen (eine Art Morsecode?) ein und aus, als würden sie versuchen, aus meinem Atem Infos herauszuriechen und daraus schlau zu werden. Erfahren sie dadurch etwas mehr von mir? Ich hoffe es!

18

Das gegenseitige Anatmen zwischen deiner Nase und den Nüstern des Pferdes darf keinesfalls ein Experiment sein, bei dem du den Ausgang nicht kennst. Es soll eine schöne und interessante Erfahrung werden, auf die man allerdings auch sehr gut verzichten kann. Du musst vorher unbedingt ausschließen können, dass dich das Pferd beißt. Nicht zu achtzig, nicht zu neunundneunzig, sondern zu hundert Prozent!

Noch mal gut gegangen!

Denn wahr ist: Manchmal fallen sogar Ohren zu Boden. Menschenfinger stehen plötzlich in unnatürlichen – und unappetitlichen – Winkeln ab. Selbst vor Brustwarzen schrecken manche Pferdegebisse nicht zurück. Also, spiele bitte kein russisches Roulett!

Pferde haben schon zahlreiche Menschen ihrer Nasen beraubt!

Das dümmste Glücksspiel der Welt

Das ist das echte russische Roulett. In einen Revolver passen 6 Patronen. Sie stecken in den sechs Kammern der Trommel. Der Schütze kann sechsmal hintereinander abfeuern, wobei sich nach jedem Schuss automatisch die nächste Kammer vor den Abschusskolben schiebt.

Beim „russischen Roulett" wird ein Revolver nur mit einer einzigen Patrone geladen. Die Trommel wird angestoßen, sodass sie sich einige Male dreht, wie ein Glücksrad. Irgendwann bleibt die Trommel stehen und wird ungesehen eingerastet. Enthält die Kammer, die jetzt vor dem Abschusskolben liegt, die einzige Patrone? Oder ist sie leer? Das weiß der Schütze nicht und hält die Revolvermündung an seine Schläfe oder in den Mund und drückt ab. War die Kammer leer, hat er gewonnen. Früher war das manchmal die Begnadigung durch einen Mächtigeren oder der Gewinn von sehr viel Geld. War die Kammer mit der Patrone gefüllt, verliert er alles, was er hat: sein Leben.

Sei du also schlau und halte deine Nase keinem Pferd hin, das vielleicht zuschnappt, auch nicht, wenn die Möglichkeit nur „eins zu einer Million" ist!

Vom Keuchen und Abschnauben

Außer dem Wiehern, Schnobern und Quieken gibt es noch einige andere Geräusche, die Pferde machen, allerdings unbewusst. Auslöser für diese Geräusche sind die Lebensumstände eines Pferdes – inklusive seiner Seelenlage. Das „Sprachrohr" ist häufig die Pferdelunge. Sie reagiert zum Beispiel geräuschvoll auf körperliche Anstrengung, auf Würmer, Heustaub, Hustenviren – oder Einsamkeit. Der Atem des Pferdes gewinnt also auf den folgenden Seiten noch größere Bedeutung. Zwar müssen wir lernen, ein Pferd richtig anzusehen, um Krankheiten möglichst früh zu erkennen. Aber das Zuhören ist genauso wichtig. Die folgenden beiden Geräusche deuten jedoch nicht auf eine Krankheit hin.

Viele Pferdeärzte hören ihre Patienten bei ungenauem Krankheitsbild oft zweimal ab: Einmal vor dem Herumtraben und Galoppieren und einmal danach. Auch dazwischen schauen und hören sie dem Pferd aufmerksam zu.

Das Keuchen
Das ist ein Laut, den quasi die Lungen machen, nicht das Pferd. Du hörst ihn deutlich bei Fernsehübertragungen von Springturnieren, wenn ein Pferd an den Mikrofonen „vorbeihechelt", die nahe bei den Hindernissen aufgestellt sind.

Man sieht und hört die Anstrengung.

Die Pferde atmen wegen der starken Anstrengung so stark – genau wie menschliche Sportler bei Wettkämpfen. Das ist ganz normal. Dicke und untrainierte Pferde fangen viel schneller an zu schnaufen als Sportpferde. Ein bisschen warme Sonne, ein leichter Berganstieg, schon geht das Schnaufen bei schweren oder wenig gerittenen Pferden los. Hörst du das auch bei deinem Pferd? Das ist ein schöner Ansporn, seine Kondition langsam aber sicher zu erhöhen oder sein Gewicht wieder besser in den Griff zu bekommen.

Dieses Pferd hat eine anstrengende Trainingsstunde hinter sich.

Im Schritt zur Super-Kondition

Jeden Tag ein ein bis zwei Stunden langer Ritt im Schritt und dein Pferd wird in drei bis vier Wochen bald viel gelöster und freudiger vorwärts stapfen.

Die Atemfrequenz steigt auch, wenn Pferdeherzen bis zum Hals klopfen. Das kann verschiedene Gründe haben: Freude ist wohl die schönste Ursache dafür. Pferde heben dabei den Kopf und stoßen den Atem aus weit geblähten Nüstern kurz und heftig aus. Dazwischen scheinen sie das Atmen manchmal eine Sekunde lang zu vergessen, um die Luft danach besonders lautstark auszuprusten. Verschlägt es ihnen vor Aufregung den Atem? Oder halten sie die Luft mit Absicht hoch erhobenen Hauptes an?

Starke Atmung

= starke Anstrengung oder
= starke Erregung
(z. B. bei Nervosität), bei Angst und (Vor-)Freude

Freude

Viele Pferde heben zusätzlich den Schweif – sie sind vor (Vor-)Freude wie berauscht.

> Ein Pferd mit gestelltem Schweif
> gibt einen herrlichen Anblick ab:
> frei, stark, stolz und schön!

Eigentlich ist das nicht verwunderlich. Glück und Freude machen auch jeden von uns Menschen schöner. Stimmt's? Ein strahlendes Lachen, ein Leuchten in den Augen ... Besonders Boxen-Pferde freuen sich auf einen Ausritt bei nicht zu warmem, leicht windigem Frühlingswetter, wenn es ihnen die frischen Düfte der Natur nur so um die Nasen weht. Überall riecht es nach neuem Leben, nach quietschgrünem Gras und frisch erblühten Blumen.

> Für Pferde ist
> das Frühjahr eine
> Hoch-Zeit.

Hochzeit würden jetzt auch viele Hengste gerne feiern, mit einer Stute ihrer Wahl. Besonders im Frühjahr verlieben sich Pferdemänner leicht. Sehen sie eine Herzblatt-Kandidatin vorüberziehen, steigert sich ihre Atmung zu einem heftigen Schnauben, Schnobern und Wiehern. Auch das ist eine klare Vorfreude gepaart mit Imponiergehabe.

Öffne diese Frischluft-Box!

Gehe – besonders mit einem Boxenpferd – so oft wie möglich in die Natur, auch wenn es nach der Hallen-Reitstunde „nur" zehn Minuten sein können. Gehe auch raus, wenn es manchmal bloß zum Grasenlassen reicht. Dann am besten an der Führleine. Das tut nicht nur seiner Lunge gut, es ist auch eine Art Belohnung nach der anstrengenden Arbeit in der Reitbahn.

Angst

Ein hoch erhobener Pferdekopf, gespitzte Ohren, weit geblähte Nasenlöcher, ein starkes Atmen, ein schnell klopfendes Herz – das kann auch Angst bedeuten. Ein Pferd, das Angst hat, würde der Angstquelle am liebsten sofort davonlaufen. In seiner Box aber, angebunden oder unter dem Sattel kann und soll es nicht fliehen. Kann ein Pferd nicht fliehen, fängt es an zu tänzeln, also auf der Stelle zu gehen oder zu traben.

> Ein tänzelndes Pferd ist wie ein Pulverfass, es kann jederzeit explodieren.

Daran kann man gut erkennen, wie sehr ein nervöses Pferd zur Beruhigung Bewegung benötigt. Wenn die Möglichkeit besteht, führe es auf die nächste freie Weide, damit es sich dort im Galopp entspannen und auspowern kann. Oder auf einen freien, aber fest umzäunten Reitplatz, dessen Umzäunung dein Pferd nicht durch einen kühnen Sprung überwinden kann.

Das Abschnauben

Pferde können herrlich prusten. Das Abschnauben am Anfang eines Rittes macht den Weg frei für eine gute Atmung. Oft fliegen dabei kleine, klare Tröpfchen aus den Nüstern. Verglichen mit der Reithallen-Luft ist die frische Luft draußen natürlich das beste Balsam für Pferde- und für Menschenlungen.

Das Abschnauben ist ein Zeichen von Entspannung. Schnaubt dein Pferd während des Reitens ab, so ist das für dich ein untrügliches Signal, dass es sich entspannt und locker bewegt. Deine Reitweise ist also erfolgreich!

23

Hilf mir! Wenn Pferde krank sind

Nicht nur jeder Mensch, sondern auch jedes Pferd wird einmal krank. Deshalb ist es wichtig für dich, über Pferdekrankheiten Bescheid zu wissen, damit du deinem Tier helfen kannst und im Ernstfall rechtzeitig den Tierarzt verständigst.
Auf den nächsten Seiten zeigen wir dir, wie du einigen Problemen vorbeugen kannst und wie man häufig auftretende Beschwerden behandeln kann.

Von Hustern auf Hufen

Alles über Pferdehusten

Husten bei Pferden muss nicht immer eine Erkältung sein. Auch bei uns Menschen gibt es ja den Raucherhusten oder den allergischen Husten.

Ein Pferd kann öfter kurz hintereinander husten, weil es gerade in eine Staubwolke gehüllt ist. Das ist nicht weiter schlimm, wenn es bei diesen einmaligen, situationsbedingten Hustenanfällen bleibt.

Dieser Staub reizt zum Husten!

Keinen Staub aufwirbeln

Auf manchen Reitplätzen staubt es arg, besonders im Sommer. Diesen Staub solltest du weder dir noch deinem Pferd antun. Wenn es keine Möglichkeit gibt, die Reitbahn nass zu spritzen, und wenn du die Wahl hast, dann warte den nächsten Regen ab und begib dich solange lieber auf Ausritte in die Natur.

Husten ist nicht gleich Husten

Mögliche Ursachen sind:

- staubige Luft
- eine Allergie
- eine Erkältung
- verschiedene Würmer

Dem Pferdehusten musst du schnell was husten!

Ein Pferdehusten ist nicht wie ein leichter Schnupfen bei uns Menschen. Lang anhaltender und nicht behandelter Husten kann die Pferdelunge dauerhaft schädigen.
Ohne tierärztliche Behandlung kann er leicht zu chronischem Husten und schließlich zur Dämpfigkeit führen.

Das Pferd kann Asthma bekommen, das nie mehr verheilt.

Solche Anfälle von Atemnot können dann höchstens noch gelindert werden. Aber die passenden Medikamente sind oft extrem teuer. Manchmal kosten sie pro Monat mehr Geld als die Unterbringung im Stall mitsamt dem Futter.
Also bitte, rufe lieber rechtzeitig den Tierarzt!

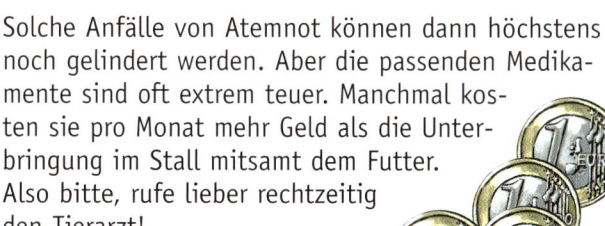

27

Allergische Reaktion

Ein Pferdehusten kann aber auch durch eine Allergie verursacht werden. Heutzutage haben immer mehr Pferde eine Heustaub-Allergie. Der Körper wehrt sich gegen den feinen Staub, der sich in und auf allen Heuballen wohl fühlt.

Im Verlauf eines langen, schweren Hustens kann ein Pferd auch dämpfig werden. Da die Lungenbläschen geschädigt sind, muss das Pferd nun mit den Bauchmuskeln die eingeatmete Luft wieder aus den Lungen herausquetschen.

Neben starken Medikamenten wird der Arzt regelmäßige Lungenspülungen, die sehr kostspielig sind, empfehlen. Die lässt aber nicht jedes Pferd lammfromm über sich ergehen. Viele Tiere empfinden sie als Qual.

> Mache das Heu und Stroh vor dem Füttern klatschnass, am besten in einer Wanne voll Wasser. So verwandelst du Staubkörnchen in Matsch, gegen den sich überempfindliche Pferdelungen nicht wehren müssen.

Die Dämpfigkeit kann bis heute kein Tierarzt heilen, sondern nur lindern.

Damit ein Pferdehusten nicht unheilbar wird

Hustet dein Pferd beim Reiten ein-, zweimal, obwohl es in der gleichen Umgebung sonst nie zuvor gehustet hat? Hustet es womöglich noch einmal beim Führen? Und noch einmal, ganz leicht, beim Absatteln? Das reicht, um den Tierarzt zu verständigen. Jetzt weißt du, hier stimmt etwas nicht. Packe die Sache lieber jetzt gleich an, denn du weißt jetzt ebenfalls, das kann schlimmer – und dann auch sehr viel teurer – werden!

Hustende Pferde brauchen einen Tierarzt!

Asthmatische oder dämpfige Pferde kannst du spazieren reiten, falls sich die Krankheit nicht im Endstadium befindet. Am besten bewegt ihr euch draußen in der freien Natur und im Schritt. Das tut übrigens immer und jedem Pferd gut!

Im Schritt-Tempo unterwegs.

Der „Wurm-Husten"

Auch Würmer können bei Pferden einen Husten auslösen. Das ist sogar sehr häufig die Ursache. Glück im Unglück! Diese Art von Husten ist durch eine Wurmkur rasch beseitigt. In der Regel ist das eine Paste, die mit einer großen, nadellosen Plastikspritze ins Pferdemaul gedrückt wird.

Um einem Husten vorzubeugen, sollte man Wurmkuren rechtzeitig geben. Bei erwachsenen Pferden ist es alle drei bis vier Monate fällig. Lasse das am besten den Tierarzt machen, es ist nämlich nicht ganz so einfach, wie es hier beschrieben ist. Erst wenn du einige Male dabei zugeschaut hast und viel Erfahrung im Umgang mit Pferden hast, kannst du es alleine machen.

Was unsere Pferde wurmt!

Rollschwänze und ihre Freunde? Nein danke!

Mach mit mir eine Stippvisite ins düstere Land der Pferdewürmer. Gut, dass auch die flüstern und sprechen.

Viele Parasiten, die ihre Gebär-Zelte in Pferden aufgeschlagen haben, sind keine mikroskopisch kleinen Winzlinge. Einige Würmer oder Wurmteile kannst du 12 bis 24 Stunden nach einer Wurmkur prima in den Pferdeäpfeln sehen. Der Anblick ist nichts für empfindsame Gemüter: Die Würmer glänzen noch im frischen Pferdekot, milchweiß und grünlich zum Beispiel.

Einen kurzen Blick solltest du auf die unappetitlichen Parasiten werfen. Die Erinnerung daran wird dich nicht vergessen lassen, wie ungeheuer wichtig Wurmkuren sind!

Zur „Sprache" der Schmarotzer

Es lohnt sich immer und für jeden Reiter, seinen speziellen „Pferde-Blick" zu schärfen. Viele schädliche Pferde-Würmer verraten sich durch eine ganz eigene „Sprache". Hier kommen einige eklige, aber sehr interessante Beispiele. Dazu findest du Tipps zur sinnvollen Vorbeugung und Bekämpfung der unerwünschten Gäste.

Der Lungenwurm

Beim Lungenwurm sind die Weibchen 6,5 Zentimeter lang. Lungenwürmer wohnen, speisen und vermehren sich sehr gerne im Esel. Der überträgt sie an den Weidefreund Pferd. Der Lungenwurm ist ein wichtiger Grund dafür, warum manche Leute Esel und Pferde nicht auf der gleichen Weide halten.

Glänzendes Fell –
ein Zeichen für Gesundheit.

Wenn dein Pferd häufig
trocken hustet, kann es
Lungenwürmer haben.

Der Spulwurm

Der erwachsene Spulwurm-Mann ist mit einem viertel Meter
Länge ein Mickerling gegenüber seiner Spulwurm-Dame:
Die ist einen halben Meter lang und so dick wie ein Bleistift.
Spulwürmer werden als Larven durch Pferdeäpfel übertragen.
Erwachsene Spulwürmer machen sich in Pferden durch Dauer-
durchfall bemerkbar.

Spulwürmer leben gerne in Fohlen und
Jungpferden, die noch wachsen.

Spulwurmlarven machen sich durch ein struppiges, glanzloses Fell ihres unfreiwilligen Wirtes erkennbar, der meistens noch ein Fohlen oder ein junges Pferd ist. Zeitweise haben die Pferde überhaupt keine Lust zu fressen. Sie wachsen nicht richtig und magern ab.

Spulwurmeier, in denen Larven heranwachsen wie Küken in Hühnereiern, kleben an den Stallwänden, an denen junge Pferde gerne herumlecken. Schluck! Schon reisen die Larven innerhalb von 24 Stunden in die Pferdeleber. Nach einer Woche Weiterreise erreichen sie die Lungen. Innerhalb der nächsten 14 Tage wandern sie entlang der Luftröhre in den Rachen. Dort wechseln sie die „Spur" und wandern jetzt über den Schlund in den Pferdemagen und von dort zu ihrer Endstation, dem Dünndarm. Hier gönnen sie sich eine Pause: Nach gut zwei Monaten sind sie geschlechtsreife Würmer.

Regelmäßig den Stall ausmisten!

Ein sauberer Stall ist eine ganz wichtige Vorbeugung gegen diese Mist-Würmer.

Fohlen brauchen schon zwei Monate nach ihrer Geburt die erste Wurmkur speziell gegen Spulwürmer und dann alle zwei Monate wieder, bis die Pferde ein Jahr alt sind. Weil die Würmer ja erst im Alter von drei Monaten geschlechtsreif sind und Eier legen, sind sie im Alter von zwei Monaten für die anderen Pferde im Stall noch nicht ansteckend.

Der Spulwurm verursacht Dünnpfiff, magere Rippen und ein struppiges Fell.

Der Rollschwanz

Der Rollschwanz hat vielleicht einen witzigen Namen, aber seine Wirkung beim Pferd ist keineswegs amüsant. Eine Art von Rollschwanz-Weibchen haust in den Augen. Die Augen entzünden sich stark, tränen und werden rot. Oder die Hornhaut wird trüb. Oft schmerzen die Augäpfel. Im Bindegewebe können sogar winzige Knötchen wachsen, in denen ebenfalls Rollschwänze leben.

Schlimm, aber wahr: In den Pferdeaugen legt die „Rollschwänzin" ihre Eier. In den Eiern schlummern schon die Larven, die bald schlüpfen. Wenn Fliegen von den Pferdetränen trinken, nehmen sie diese Larven auf. In den Fliegen warten die Larven darauf, bis sie ihr nächstes Wachstumsstadium erreichen.

Eine Art von Rollschwänzen ist schuld an den gefürchteten „Sommerwunden". Sie heilen während eines ganzen Sommers nur schlecht oder gar nicht. Übeltäter sind wieder die Larven einer anderen Rollschwanz-Art. Diese Larven werden von Fliegen an winzigen Wunden abgesetzt, z. B. an den unteren Geschlechtsteilen von Pferden. Oder dort, wo normalerweise der Sattel und die Trense liegen, also am Pferderücken und am Kopf. Das juckt die Pferde gehörig. Sie scheuern sich an diesen Stellen und kratzen sich mit den Zähnen. Dadurch vergrößern sich die Wundflächen. Oft heilen sie erst im kühlen Herbst ab. Manche hinterlassen lebenslange Narben.

33

Das dauert nur 14 Tage. Über den Rüssel überträgt die rinkende Fliege diese Larven jetzt auf ein neues Pferdeauge. Dort wird die Larve nach knapp drei Monaten geschlechtsreif. Sie ist jetzt ein richtiger Rollschwanz und kann als Weibchen neue Eier legen.

Keine Wurmkur tötet die Rollschwänze ab. Die Wunden können mit Wundsalben behandelt werden.

Die Magendassel

Sie ist eine ein bis zwei Zentimeter große Fliege, kein Wurm. Aber ihre dicken, geriffelten Larven kleben im letzten Entwicklungsstadium genau wie manche Wurmlarven im Magen von Pferden.
Die Magendassel lebt als Fliege höchstens drei Wochen lang, meistens zwischen Juni und Oktober. Sie frisst nichts in

Böse Folgen

Was wir nicht sehen können, sind die möglichen Schäden des Wurmbefalles im Inneren, die Magendasseln verursachen: Bauchfellentzündungen und kraterförmige Geschwüre. Im schlimmsten Fall führen sie zu Magendurchbrüchen. Der Befall mit Larven stresst ein Pferd. Es frisst unregelmäßig und oft magert es ab. Es wirkt lustlos. Auf Ritten geht ihm schnell die Puste aus.

dieser Zeit. Sie legt nur gelbe Eier, zwischen 160 und 2500 Stück. Oft kleben die Nester der Magendassel wie gelbes Puder an den Haaren der Pferdevorderbeine.

Schau mal hin! Du kannst die Eier mit bloßem Auge gut erkennen – aber leider nicht so einfach wegputzen. Sie kleben so fest wie Sekundenkleber. Manchmal findest du solche gelben Flächen auch an den Haaren der Pferdeschultern und der Flanken, an der Mähne, am Hals, an den Lippen oder Nüstern. Oder die gelben Eier kleben an Grashalmen auf der Weide. Wenn das Pferd sie frisst, schlüpfen die Larven gleich im Magen und können sofort anfangen, sich vollzufressen.

Damit weniger Überträger-Fliegen in die Nähe der Pferde kommen, sollte der frische Pferdemist täglich auf einem stallfernen Misthaufen landen.

Die etwa ein Millimeter kleinen Dassellarven, die aus den Eiern außen am Pferdekörper schlüpfen, müssen fleißig sein. Sie wandern durch die Pferdebackenhaut in die Mundwinkel oder direkt in das Zahnfleisch und die Zunge. Hier verursachen sie oft Schwellungen. Manche Pferde können dadurch schlechter kauen und schlucken.

Wenn die winzigen Larven in ihrem „Schlaraffenland", dem Pferdemagen, angekommen sind, verankern Sie sich mit kräftigen Mundhaken in der Magenschleimhaut und fressen sich ebenfalls voll. Acht bis zehn Monate lang. Zwei Zentimeter groß fallen die Larven mit den Pferdeäpfeln auf den Boden. Hier verpuppen sie sich einen Monat lang und werden zu Fliegen. Der Kreislauf beginnt von neuem, aber du kannst ihn unterbrechen.

Jetzt kennst du die Tricks der Magendassel

Und so kannst du Abhilfe schaffen. Frage aber auf alle Fälle vorher deinen Tierarzt:

- Verabreiche dem Pferd im Herbst, wenn es von der Weide wieder in die Box zieht, eine Wurmkur, die Dasselfliegen-Larven killt!

- Die gelben Nester, die wie Puder am Pferd kleben, kannst du täglich mit Tüchern bedecken, die mit einem Insektizid getränkt sind.

Mach den kleinen Parasiten-Test

Weißt du noch, wie sich welche Pferde-Schmarotzer verraten? Wie sie das Pferd befallen? Wie du sie killst? Teste dein Wissen! Jetzt! Jeweils zwei Antworten sind richtig. Kreuze sie an!

Frage 1

Hat ein Pferd rote, tränende Augen, die stark entzündet wirken?

a Abhilfe schafft eine Wurmkur.

b Dann leben Rollschwänze darin.

c Eine Augensalbe genügt.

Frage 2

Wie verrät die Magendassel ihre bis zu 2500 Eier?

a Durch gelbe Flächen an den Pferdehufen.

b Durch Stellen am behaarten Pferdeleib, die wie gelb bepudert wirken.

c Die gelben Eier kleben so fest, dass man sie nicht einfach wegputzen kann.

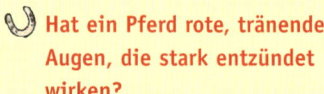

Frage 3

Wie lang kann der Spulwurm im Pferdemagen werden?

a Das Weibchen wird einen halben Meter lang. Sie ist so dick wie ein Bleistift.

b Das Männchen wird „nur" 25 Zentimeter lang.

c Man hat schon 3 Meter lange Bandwürmer in Pferdeäpfel-Häufen gesehen.

Frage 4

Welcher Parasit kann an Dauerdurchfall schuld sein? Was tötet sie?

a Erwachsene Spulwürmer sind die Verursacher.

b Schuld sind eindeutig Lungenwürmer.

c Eine spezielle Wurmkur tötet schon die Larven der Übeltäter. Man fragt seinen Tierarzt danach.

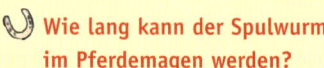

Frage 5

 Warum halten manche Leute ihre Esel und Pferde nicht zusammen auf einer Weide?

a Wegen der Lungenwürmer, die bei Pferden einen trockenen Husten auslösen können. Sie leben aber bevorzugt in Eseln.

b Ein Esel kann ein Pferd mit „seinen" Lungenwürmern infizieren.

c Weil sich Esel und Pferde nicht gut vertragen.

Nicht alle tränenden Augen, jedes stumpfe Fell, jeder trockene Husten und jeder Durchfall müssen ein Hinweis auf Schmarotzer sein. Es ist aber leider sehr oft der Fall und die Wahrscheinlichkeit ist hoch.

Möglich, dass du dich wunderst. Wurde dem Pferd nicht erst kürzlich eine Wurmpaste verabreicht? Es kann sein, dass das Medikament zwar Zwergfadenwürmer und Magendasseln gekillt hat, nicht aber Lungenwürmer. Nicht alle gängigen Wurmkuren helfen gegen alle Würmer. Frage deinen Tierarzt nach seiner Meinung und nach dem geeigneten Medikament!

Die Wurmkur

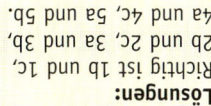

Sprich immer zuerst mit deinem Tierarzt, bevor du eine Parasiten-Behandlung ansetzt.

Lösungen:
Richtig ist 1b und 1c,
2b und 2c, 3a und 3b,
4a und 4c, 5a und 5b.

38 Pferde-Unglück

Wenn die Seele um Hilfe ruft

**Wenn Pferde „koppen", ausschlagen oder „weben",
dann ist dies ein Hilferuf, der bedeutet, du musst an den
Lebensumständen deines Pferdes etwas verändern.**

Wenn Pferde „rülpsen"

„Koppen", so
nennen das die
Fachleute. Sie
sagen zum Bei-
spiel: „Die Stute
Mylady koppt."
Dabei setzt das
Pferd die Zähne
auf einen Gegen-
stand, z. B. auf
die Oberkante
der Boxentür oder
auf die oberste Zaunstange, und schluckt Luft. Es gibt aber auch
Pferde, die „freikoppen", das heißt, sie schlucken Luft, ohne ihre
Zähne irgendwo aufzusetzen.

Dein Rückgabe-Recht

Wer ein koppendes Pferd kauft, ohne das zu
wissen, kann es innerhalb von 14 Tagen gegen
Herausgabe des Kaufpreises an den Verkäufer
zurückgeben – falls ein rechtsgültiger Kaufver-
trag abgeschlossen wurde. Koppen kann nämlich durch Medikamente eine Weile lang unter-
bunden werden oder das Pferd hört in einer
neuen Umgebung, in der es viel zu sehen gibt,
für kurze Zeit damit auf.

*Du musst das Übel an der Wurzel packen, nämlich
dafür sorgen, dass sich dein Pferd nicht langweilt.*

**Den ganzen Tag alleine in der Box –
das macht unglücklich.**

Das Koppen hat als Ursache eine lange Zeit gähnender Langeweile während des Eingesperrtseins. Durch Koppen hat das Pferd eine Möglichkeit gefunden, sich in seiner Box

Das Marterinstrument

Manche Pferdebesitzer verpassen ihrem Pferd einen so genannten „Kopperriemen". Das ist ein breiter Halsriemen aus Leder, der an der Stelle, an der der Kopf in den Hals übergeht, so fest angelegt wird, dass das Pferd die zum Koppen benötigten Muskeln nicht mehr anspannen kann. Außerdem bestreichen sie alle Stellen, an denen die Pferde zum Koppen aufsetzen, mit einem bitter schmeckenden Mittel.

selbst zu beschäftigen, den lieben langen Tag. Wegen der Luft im Magen-Darm-Trakt haben Kopper oft Probleme mit der Verdauung. Es kann eine Kolik (Bauchschmerzen) entstehen, die im allerschlimmsten Fall zu einer Darmverschlingung führt.

Noch nie hat ein Weidepferd angefangen zu koppen!

Das hilft dem Kopper

Das wirksamste Heilmittel ist der Umzug von der Box auf die Weide. Ist das nicht möglich, hilft eine Mixtur aus folgenden Zutaten:

- Eine oben offene Boxentür schafft etwas mehr Ausblick und Bewegungsfreiheit.

- Ein Boxengenosse lindert die Einsamkeit.

- Wenn möglich, stelle den Kopper täglich eine Stunde auf die Koppel.

- Auch eine halbe Stunde auf dem Sandplatz hilft.

- Unternimm viele lange, entspannende Ausritte mit wechselnden Wegstrecken.

Zum Koppen greifen nur vereinsamte Boxen-Pferde. Es ist ihre Art, uns mitzuteilen: „Bitte lass mich raus, wenigstens stundenweise. Oder mache mehr mit mir. Oder stelle mir einen Gefährten mit in die Box, vielleicht eine Ziege, die mir die Langeweile vertreibt, und sei es dadurch, dass sie mit ihrem Mini-Mäulchen nach meinen Schweifhaaren hascht. Oder besorge mir eine größere Box, die ich mit einem Pony teilen kann. Oder bringe mir einen zweiten Menschen-Freund."

Beschäftigungsprogramm

Wenn du selbst wenig Zeit hast, hilft eine Reitbeteiligung, eine junge, pferdebegeisterte Hobby-Pflegerin oder eine Vereins-Freundin, die dein Pferd als Handpferd mit auf Ausritte nimmt. Oder eine „Boxen-Nachbarin", die, wenn sie ihr Pferd putzt, deines daneben anbindet.

Lange, entspannende Ausritte sind Balsam für die Pferdeseele.

Wo die Liebe hinfällt: Mein Kopper

Wenn du dich aber in einen Kopper verliebt hast, willst du ihn natürlich nicht wieder hergeben. Mir ging es auch einmal so!

Mein erstes Pferd – sein Name war Vesuv – holte ich aus einem dieser riesigen, teuren Reitställen mit unzähligen Gitterboxen, in denen eine Menge Kopper stehen. Vesuv gehörte auch dazu. Der dunkelbraune Hannoveraner war seit Jahren auf keiner Weide mehr gewesen, der luxuriöse Reitstall hatte nämlich keine. Vesuv gehörte einer netten Dame, die schwanger war und seit Monaten nicht mehr reiten konnte.

Der hübsche Wallach stand und stand und wurde immer unglücklicher.

Er koppte und koppte und deswegen wollte ihn kein Mensch kaufen – nicht einmal für etwas mehr als den Schlachtpreis, damals 1000 Mark. Ich studierte zu dieser Zeit und konnte das Geld gerade so zusammenkratzen. Die Monatsmiete in diesem Luxus-Verein wäre für mich unerschwinglich gewesen. Vesuv zog aus seinem „Schloss-Stall" am Stadtrand zum Kleinbauern aufs Land.

Koppende Pferde brauchen genau das, was sich viele gestresste Städter am Wochenende gönnen: einen Aufenthalt im Freien. Kopper brauchen das Draußen-Sein, den Schnee, den Platz zum Laufen, den Wind, die Sonne, den dreiblättrigen Klee, fremde Pferdeäpfel, den Regen, Kräuter und Pferde, die noch über etwas anderes „reden" können als über den Job in der Reithalle.

Vesuv kam tagsüber auf eine große Weide mit einem niedrigen, altersschwachen Elektrozaun, mit Weitblick über Felder und Wälder, und er verstand sich prima mit seinem Weidegefährten Max.

Abends bekam Vesuv in seiner hundertjährigen Box sein Kraft- und Saftfutter und verbrachte dort die Nacht. Bauern stehen früh auf und sie gehen früh zu ihren Tieren. So kam Vesuv schon im Morgengrauen wieder auf die Weide, zusammen mit Max. Vesuv, ein beharrlicher und eifriger Luftschlucker, hat dieses Landleben bis zu seinem Tod viele Jahre genossen – und er hat nie wieder gekoppt.

Auch für Kopper gibt es durchaus Hilfe, besonders für die Aufsetzkopper. Freikopper sind schwerere Fälle.

43

44 Ein stummer Schrei: das Weben!

Als Weben bezeichnet man das Hin- und Herpendeln des Kopfes, wobei das Pferd auch meist von einem Vorderbein auf das andere schaukelt. Dabei verlagert es ständig das Gewicht und das führt zu Verschleißerscheinungen in und um die dauerbelasteten Knochen.

Wie das Koppen ist auch das Weben ein Zeichen für Einsamkeit und großen Bewegungsmangel. Das natürliche Bedürfnis eines

Ein Pferd, das jahrelang extrem webt, verliert allmählich den Verstand.

Pferdes ist es eigentlich, mit ein paar Kumpels über die Wiesen zu streifen und die meiste Zeit zu grasen. Wenn es dagegen 23 von 24 Stunden in seiner Box eingesperrt ist, muss es diese Energie

eben durch das Weben abbauen. Beim Weben pendelt das Pferd den Kopf hin und her – manchmal 18000mal pro Tag! Fast immer sind die Patienten schnelle, edle, leichtfüßige Pferde, die andauernd alleine in einer Reitstall-Box gehalten werden. Nach einer Zeit des geduldigen Wartens auf eine Änderung ihrer öden Lebensumstände scheinen sie die Hoffnung aufzugeben und fangen an zu weben. Hin und her. Und hin und her. Und hin und her.

Gehe mit einem Weber so oft und so lange wie möglich spazieren.

Zum Glück kann webenden Pferden geholfen werden.

Wie beim Koppen ist das beste Mittel der Umzug von der Box auf die Weide. Wenn das nicht möglich ist, hilft auch viel mehr Beschäftigung und reichhaltige Abwechslung: mehrere kleine Trainingseinheiten, mindestens einem kleineren Ausritt pro Tag und Spielzeug in der Pferdebox.

Pferde, die mit anderen Pferden ganztägig auf der Weide gehalten werden, gewöhnen sich das Weben niemals an.

Wenn Pferde gegen die Boxenwände knallen

Wenn es Futter gibt, schlagen Pferde gerne gegen Boxentüren. Ein gezielter Tritt dient manchmal dazu, die Aufmerksamkeit auf sich zu lenken. Hier nützt es nur bedingt, Gummimatten an den Boxenwänden zu befestigen, damit das Ausschlagen nicht so laut ist und die Hufe des Pferdes geschont werden. Manchmal sind Schmerzen Grund für das Ausschlagen. Das kann aber nur der Tierarzt zweifelsfrei feststellen.

Das Ausschlagen kann auch bedeuten, dass das Pferd einsam ist oder dass ihm etwas unangenehm ist.

45

Eine kleine Geräusch- kunde

Pferde reagieren stark auf alles, was sie hören. Welche Geräusche sie lieben und welche sie hassen, erfährst du hier – und wie du mit ihren Reaktionen darauf klarkommst oder sie zu ihrem Besten nutzt.

Lieblings-geräusche

Angenehmes für Pferdeohren

Bestimmte Geräusche sind wie Musik in Pferdeohren. Mache dir das zunutze! Zu den Lieblingsgeräuschen der Pferde zählen das Schütteln mit dem Leckerli-Eimer, nette Worte und Musik aus deinem Mund sowie bestimmte Geräusche der freien Natur.

Das Schütteln mit dem Eimer

In diesem Eimer befinden sich beim Schütteln Hafer, Äpfel oder Karotten. Das ist sehr hilfreich, wenn du ein Pferd von einer großen Wiese holen möchtest. Es dreht dir dann keinesfalls das Hinterteil zu. Na klar, mit dem Po kann es ja nicht essen!

Plötzlich der Anblick von lauter Popos kein seltenes Bild, wenn du ein Pferd von der Weide holen willst.

Das Pferd nähert sich dem Eimer in deinen Händen „Kopf voraus". So kann es mit den Hinterhufen nicht gleichzeitig auf dich zielen. Doch das wollen sowieso nur ganz wenige Pferde.

Eine Ausnahme: Das trickreiche Mini-Pony Fix!

Ich kenne ein geschecktes Mini-Pony, das keiner mehr von der Weide holen konnte und wollte. Zwar schnappte sich Fix die Lock-Mohrrübe, aber dann drehte er sich blitzschnell um und schlug mit den Hinterbeinen aus. Nur einer jungen Frau, die die Körpersprache der Pferde kannte und nutzte, ordnete sich Fix gefällig unter. Fortan holte sie das Pony von der Weide.

Der kleine Schelm war ein so genanntes „Problem-Pferdchen".

Dazu musste sie die Wiese kaum betreten, der kleine Faxenmacher Fix kam sogar auf sie zu. War er erst einmal draußen, ließ er sich von allen Kindern gerne putzen, führen und reiten. Aber eine andere Eigenheit konnte selbst seine Freundin ihm nicht abgewöhnen: Um seine Weidefläche zu vergrößern, legte sich das Pony auf den Boden und rollte sich per Eskimorolle unter dem Zaun hindurch in die Freiheit. Weglaufen tat Fix jedoch nie. Also mochte er seine Heimat doch ganz gerne.

Die meisten Pferde mögen Musik

Welche Musik deine Pferde mögen, kannst du gut selbst herausfinden. Zu diesem Zweck kannst du ein paar Experimente durchführen. Wenn du dein Pferd interessiert beobachtest, wirst du erfahren, was es bevorzugt.

Musik aus dem Rekorder

Nimm eine Kassette mit verschiedenen Musikrichtungen auf, zum Beispiel Techno-, Klavier-, Flöten- und Marschmusik. Lasse zwischen den Musikstücken lange Pausen von etwa zwei bis drei Minuten. So kannst du später die einzelnen Reaktionen des Pferdes besser unterscheiden.

> Manchen Pferden ist Musik aus dem Rekorder piepegal, egal ob fetzig oder schmusig.

☝ Longiere das Pferd, während die Kassette läuft. Trabt ein eher träges Pferd zu rhythmischer Musik lebhafter, kann sie dir wunderbar als kleine Antriebshilfe dienen. Vorausgesetzt, du selbst bekommst bei dieser Art von Musik keine Übelkeit!

☝ Hilfreich ist es auch, wenn ein supernervöses, verspanntes Pferd bei sanften Klaviertönen häufig abschnaubt, den Kopf beim Gehen senkt und nicht mehr in hektischem Trab oder Pulverfass-Galopp fällt. Bei einem solchen Charaktertyp ist eine hektische Musik nicht ratsam.

> Tiefes Pfeifen oder Summen kann ein aufgeregtes Pferd beruhigen. Lasse es auf- und abklingen wie Herbstwind, der um die Ecken pfeift.

Musik aus deinem Mund

Im Gegensatz zu Musik aus der Konserve beeinflusst menschliches Singen, Summen oder Pfeifen fast alle Pferde. Insbesondere Pfeifen ist sehr hilfreich.

Vermutlich liegt es daran, dass Pfeifen für Pferde kein alltägliches Umweltgeräusch ist. Daher wenden sie ihm besonders viel Aufmerksamkeit zu, und das lenkt sie von einer Angst-Quelle ab.

Raspeln

Das Abraspeln der Hufe kann Pferde nervös machen. Pfeifen hilft.

Bei vielen jungen Pferden hilft Pfeifen zum Beispiel, wenn ihnen der Hufschmied neue Hufeisen verpasst. Durch das Pfeifen lenkst du die Aufmerksamkeit eines „Jünglings" von den seltsamen Dingen ab, die gerade an seinem Huf passieren. Stattdessen konzentriert er sich auf die Töne in der Luft. Das Pferd versucht sozusagen, sich das Pfeifen zu erklären und vergisst darüber seinen Huf, wenn auch nur kurz.

Und keine Angst, dass der Hufschmied dich deswegen für komplett verrückt hält – im Gegenteil: So weiß er, dass du dich mit Pferden auskennst.

Selbst die kürzeste Beruhigung ist wichtig. Sie unterbricht eine Nervosität, die sonst stetig ansteigen würde, um zum Schluss in Panik zu explodieren. Pfeife daher nicht eine ganze Stunde lang, bis der Hufschmied fertig ist, sondern immer nur dann, wenn das Pferd besonders zappelig wird. Die restliche Zeit über kannst du es mit sanften, plätschernden Worten beruhigen.

Schreckliche Geräusche

Schwierigkeiten meistern

Viele Geräusche, die die Natur hervorbringt, werden von Pferden gemocht. Was aber, wenn ein unerwartetes Geräusch dein Reittier in Angst und Schrecken versetzt?

Herrliche Geräusche

Das von keinen Stallwänden gedämmte Vogelgezwitscher, das Bienensummen, das leichte Rauschen des Windes, das Rascheln von Blättern, das Prasseln des Regens … In der Regel mögen Pferde diese vollkommen natürlichen Geräusche, weil sie diese am meisten gewöhnt sind. Sie wirken auf sie wie leise beziehungsweise lebhafte Lieder auf kleine Kinder wirken. Das Gezwitscher der Vögel wirkt beruhigend, der Wind regt, wenn er böig bläst, zum Spielen, Schnauben und Tänzeln an.

Schreckliche Geräusche für Pferde

Erschreckend für die Vierbeiner sind alle plötzlichen, lauten Geräusche, an die sie nicht gewöhnt sind. Schüsse aus Jägerflinten zum Beispiel können dem Pferd einen irren Schreck einjagen. Oder ein aufgescheuchtes Tier, das plötzlich aus dem Gebüsch hervorspringt oder vorbeiflattert. Oder das Krachen des Donners, wenn ein Gewitter in der Nähe ist. Ein erschrecktes

Es lassen sich keine festen Regeln ausmachen, vor welchen Geräuschen Pferde immer erschrecken und vor welchen nicht. Das hängt vom Pferd ab, wo es aufgewachsen ist und an welche Geräusche es sich im Laufe seines Lebens etwas gewöhnt hat. Es ist auch manchmal eine Frage seiner Tagesform. Denn Pferde reagieren an unterschiedlichen Tagen unterschiedlich sensibel auf ihre Umwelt.

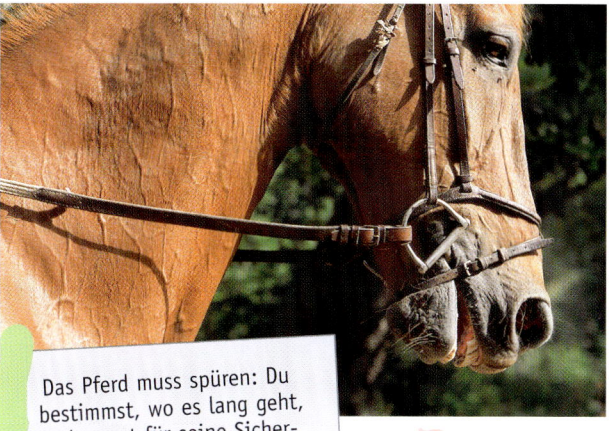

Bei diesem Pferd treten die Adern am Hals stark hervor. Das zeigt, wie gestresst es ist.

Das Pferd muss spüren: Du bestimmst, wo es lang geht, und sorgst für seine Sicherheit. Je klarer du das deinem Pferd verständlich machst und je „stärker" im Sinne von klüger und umsichtiger du dich ihm zeigst, desto mehr wird es dir vertrauen.

Du musst jetzt stark sein, wenn dir auch das Herz bis zum Hals hüpft!

Pferd bekommt oft so starkes Herzklopfen, dass du es beim Reiten sogar durch den Sattel spüren kannst. Durch die Angst-Signale bekommt oft auch der Reiter Angst. Er spürt automatisch, dass sein Pferd kurz davor steht, seinem Urtrieb zu folgen und zu flüchten, über Stock und Stein. Und Straßen. Unlenkbar. Unhaltbar. Oft hast du nur eine einzige Möglichkeit, um das zu verhindern: Bleibe ruhig. Dann wird es in einer solchen Situation vielleicht kurz erschrecken und einen kleinen Sprung zur Seite machen, aber es wird sich dann daran erinnern, dass ihm mit dir als Chefin auf dem Rücken keine Gefahr droht.

Bleib cool!
Sie gehört sicher zu den schwierigsten, aber auch wichtigsten „Sprachübungen" eines Reiters: Sich ganz allein auf weiter Flur trotz wachsender Panik einen dicken, kratzfesten Anstrich von Coolness zu geben. Die brauchst du, damit dein Pferd nicht sein Vertrauen zu dir verliert. Für ihn bist du nämlich das Leittier in eurer kleinen Mini-Herde.

Reitertipps für ein erschrecktes Pferd

Wenn dein Pferd doch einmal richtig scheut und losrasen will, dann mache Folgendes:

Ein Summ-Singsang tut euch beiden gut!

Sitze ganz tief und schwer in den Sattel, als wärst du darin festgeschraubt. Falle nicht mit dem Oberkörper nach vorn. Sonst entlastest du dein Pferd. Sitze stolz und aufrecht. Du bist der Chef, dem auch das nervöseste Pferd nichts anhaben kann.

Atme langsam und gleichmäßig. Ich weiß, das ist leichter gesagt als getan, wenn man viel lieber „Stopp!" schreien und sofort absteigen würde. Tiefe, lang gedehnte Pfeiftöne helfen dir dabei. Sie verlangsamen deinen Atem und beschwichtigen die Nerven deines Pferdes. Du kannst auch ein ruhiges Lied singen oder summen. Vielleicht ein Lied, das du Zuhause so oft hörst, dass es dir ganz leicht von den Lippen geht?

Lasse das Pferd im schnellen Schritt vorwärts gehen. Halte keinesfalls an. Ein ängstliches Pferd braucht Bewegung, um seiner Angst zu entkommen. Lasse es aber nicht angaloppieren, wenn es auch genau das ist, was dein Pferd jetzt „am liebsten" tun würde. Dieses Galoppieren würde aber Flucht bedeuten.

Versuche nicht, dein Pferd mit Zügeln zu bremsen, an denen du dich bis zum Zerreißen festziehst. Der scharfe Druck in seinem Mund und das Zurückzerren seines Kopfes würden es noch wilder machen. Nehme die Zügel stattdessen immer wieder an (gut, wenn du dabei summst, singst oder pfeifst) und gebe darauf wieder etwas nach, nehme sie wieder an, lasse wieder nach und so weiter, ganz gleichmäßig im Takt. Auch wenn es widersprüchlich klingt.

Reite wenn möglich in ein windstilles Gebiet, wie zum Beispiel einen Wald. Windböen sind für viele nervöse Pferde wie Peitschenhiebe. Wenn der Wind zusätzlich an den großen, schwarzen Abdeckfolien auf den Heuballen reißt, die auf Feldern lagern oder Fensterläden auf- und zuklappen lässt oder alte Zeitungen und leere Dosen über den Boden pustet, kann er zerreißen, der allerletzte, starke Nerv.

Ein aufgeregtes Pferd geht an lockeren Zügeln meistens viel ruhiger als an stark gespannten.

Wenn du Angst bekommst und keine Hilfe da ist, bleibe unbedingt cool!

Fressen beruhigt

Manche Pferde schnappen instinktiv nach Gräsern oder Zweigen, wenn sie Angst haben. Lasse aber das permanente Knabbern hier und da auf normal verlaufenden Ausritten nicht zu. Es wird sonst eine lästige Angewohnheit: Das Pferd fängt vielleicht an zu stolpern, weil es nicht mehr auf den Boden achtet, son

dern nur noch auf erreichbares Grünzeug am Wegesrand. Wenn es den Hals lang macht, zieht es dir jedes Mal die Zügel durch die Hände. Besser ist es, du lässt an ein oder zwei ausgewählten Stellen eine Zeit lang das Grasen zu.

Coolness ist auch dann angesagt, wenn du mit beiden Füßen auf dem Boden stehst. Denn selbst beim Putzen und Führen kann ein Pferd sich aufregen und sich in eine Panik hineinsteigern. Verständlich, wenn du dann ebenfalls am liebsten ausflippen und davon flitzen würdest, aber das darfst du jetzt nicht!

Schreck, lass nach!

Wenn Pferde scheuen

Grundsätzlich kann jedes Pferd scheuen. Daran kannst du sehen, dass ein Pferd wach ist und noch nicht jedes Interesse an seiner Umgebung verloren hat. Aber es gibt Unterschiede zwischen scheuen und scheuen!

Ein schreckhaftes Pferd scheut nicht nur vor Autos, die sich von hinten nähern. Es bricht nicht nur dann in Panik aus, wenn im Wald plötzlich ein Vogel aus dem Gebüsch auftaucht. Es hat nicht nur vor Wasser Scheu. Es wird nicht nur dann nervös, wenn der Regen auf das Dach der Reithalle trommelt. Ein kläffender Zwergpudel wird zum gefährlichen Monster. Ein loses Band an einer Pferdekoppel, leise flatternd im Wind, wird zur erbarmungslos knallenden Peitsche.

Ein schreckhaftes Pferd befindet sich – aus seiner Sicht – in einer höllisch gefährlichen Umwelt.

Meist fühlen sich schreckhafte Pferde nur in ihrer Box oder ihrem Paddock einigermaßen sicher. Sobald sie ihren „goldenen Käfig" verlassen, fängt der Stress an. Draußen lauern ihrer Meinung nach tausendundeine Gefahr. Schon ein Sonnenstrahl, von einer Stoßstange reflektiert, wird zum Feuerstrahl.

Ein Vogel, der aus dem raschelnden Laub auffliegt, wird zur giftigen Schlange.

Nicht selten sind oder werden schreckhafte Pferde zu Durchgängern. Das heißt, sie scheuen und rasen dann kopflos davon – besonders, wenn es auf einem Ausritt durch die „riesige Hölle" wieder in Richtung „kleiner, goldener Käfig" geht.

Wenn der Stall den Schneid abkauft ...

Auch mutige Pferde können zu Angsthasen werden. Wenn sie immerfort im Stall stehen und nur in der Reithalle geritten werden, verblasst ihre Erinnerung an die verschiedenen Geräusche und Geschehnisse in der großen, weiten Welt da draußen. Hinzukommt bei diesen armen Geschöpfen, dass sie oft überschüssige Energie haben und nicht wissen, wohin damit.

Immer nur im Stall? Nie auf der Weide? Das muss man ändern!

Manche Pferde sind Angsthasen

Meine kleine, fuchsfarbene Araberstute Barbie ist ein ängstliches Pferd. Sie lebt auf unserer Pferdefinca auf Mallorca mit meinem großen, etwas dicken Andalusierwallach Taranto zusammen.

Beide Pferde führe ich täglich auf eine riesige Weide. Nebenan wird mit Traktoren und Trabrennpferden gearbeitet. Hühner flattern herum. Hunde in allen Größen bellen. Ein paar Autos passieren schwankend den holprigen Weg, der entlang des Koppelzauns führt.

Vormittags und nachts sind meine Pferde auf einem großen Paddock neben dem Haus und dem Swimmingpool. Sie sehen zu, wie Leute im Schwimmbecken planschen, wie sie grillen und Ball spielen. Und dennoch kann Barbie während eines Ausrittes schon wegen eines im Wind wippenden Astes stocksteif stehen bleiben und heftiges Herzklopfen bekommen, während Taranto ein Musterbeispiel an Mut und Tapferkeit ist, der es sogar mit Autos aufnimmt!

Pferde kennen Menschen und ihre Geräusche ebenso wie die Natur und ihre Geräusche.

Wenn ich auf Barbie ausreite, sitze ich auf einem kleinen Angsthasen und damit auf einem Pulverfass, das jederzeit explodieren kann.

Mutige Pferde sehen sich ein merkwür-diges, fremdes Ding erst einmal auf-merksam an, vorausgesetzt, es kann nicht weglaufen. Dann wagen sie sich Kopf voraus näher, bis sie an dem

Mutige Pferde lieben die Herausforderung!

möglichen „Feind" schnuppern können. Jetzt wird er mit der Nase beherzt angestupst, um ihn dann – und gar nicht selten – zu beißen. Unterstütze das als Reiter! Lasse dein Pferd diese Annäherungsaktion aber alleine tun. Unterlasse jedes Treiben, unterstütze jedoch das Vorstrecken seines Halses mit lockeren Zügeln. Sprich ihm ruhig zu und lobe es überschwänglich, wenn es den Gegenstand berührt.

> Ich war sogar selbst dabei, als ein Auto von meinem Pferd gebissen wurde. Im Blech blieb eine kleine Schramme. Zum Glück war der Autobesitzer ein Rei-terfreund von mir – und ist es immer noch. Er nahm es uns nicht übel.

Entschreckübungen für Angsthasen

Du kannst deinem Pferd helfen, wenn es Annäherungsversuche an den möglichen „Feind" macht.

- Unterstütze das Vorstrecken seines Halses mit lockeren Zügeln.
- Sprich ihm ruhig zu, wenn es schnuppert.
- Klopfe freundlich seinen Hals und lobe es überschwänglich, wenn es den fremden Gegenstand anstupst.
- Lasse es ruhig auch hineinbeißen, wenn es weder der Sache noch dem Pferd schadet. Vor diesem oder einem ähn-lichen „Feind" wird dein Pferd dann vermutlich nicht so schnell wieder erschrecken. Wahrscheinlich wird dein Pferd bald nicht einmal mehr hinschauen, so als würde es ihn mit größter Verachtung strafen, weil er sich so prahlerisch gefährlich tarnt.

So wird die Schreck-Kette zur Neugier-Kette

Ein ängstliches Pferd sollte seine Schreck-Kette durchtrennen, die es zu fest an seinen Stall bindet, indem es diese Neugier-Kette erlernt:

1 Das Pferd soll einen ihm bislang fremden Gegenstand aufmerksam anschauen. Dazu eignet sich z. B. ein großer Gymnastikball.

Deine Begleit-Aktion ist:

- ♘ völliges Stillstehen,
- ♘ Anteilnahme zeigen durch aufmerksames Mit-Betrachten des Balls.

3 Das Pferd soll den Hals lang machen, um an dem Ball zu schnuppern.

Deine Begleit-Aktion ist:

- ♘ ruhiges Zusprechen, eher mit tiefer Stimme als mit hoher. So lobst du das Pferd für seinen Super-Mut,
- ♘ du kannst den Blick jetzt von dem Ding nehmen und das Pferd immer wieder kurz von der Seite anschauen.

2 Das Pferd soll sich dem Ball aus freien Stücken Schritt für Schritt nähern.

Deine Begleit-Aktion ist:

- ♘ Lockerlassen der Führleine oder Zügel,
- ♘ das geduldige Nebenhergehen oder untätige Im-Sattel-Sitzen,
- ♘ den Ball nicht aus den Augen lassen, um dem Pferd zu sagen: „Ich nehme dich ernst, mein Freund. Du hast Recht, das sieht wirklich seltsam aus. Prima, dass du gut aufgepasst und dieses Ding so früh gesehen hast."

Ganz wichtig: Du musst dein Pferd dafür loben und bewundern!

4 Das Pferd soll den Ball mit der Nase anstupsen. Übe das bitte lange Zeit mit solchen ungefährlichen Gegenständen wie dem Gymnastikball. Wenn er auf dem weichen Hallenboden rollt, macht er kaum Geräusche und kann keine Verletzungen hervorrufen. Später können und sollen sich die Dinge beim Anstupsen auch „sprechend" bewegen oder sogar lauthals umfallen wie beispielsweise ein altes Fahrrad oder eine Schaufel, die in der Sonne gefährlich glitzert.

Deine Begleit-Aktion ist:

- sanftes Auflegen einer Hand auf den Pferdehals und zartes Tätscheln,

- das Pferd anschauen,

- sich Rühren im Sattel oder einen Schritt auf dem Boden machen, um dem Pferd deine Erleichterung und Entspannung zu zeigen. Dann wird sich nämlich auch dein Pferd weiter entspannen und gerne – fast angeberisch – noch mutiger werden. Es hat jetzt eine ganz wichtige Schwelle überschritten und will dir sozusagen zeigen, was Tolles in ihm steckt.

Bei schreckhaften Pferden kannst du die Verwandlung der Schreck-Kette in die Neugier-Kette zum täglichen Mini-Training machen, zusätzlich zum sonstigen Beschäftigungs-Programm. Du brauchst dafür aber viel Zeit. Wenn du also einmal zeitlich knapp dran bist, solltest du es unbedingt aufs nächste Mal verschieben.

5 Vielleicht noch: Das Pferd soll in das schreckliche Ding beißen!

Mein Pflegepferd „Lerche"

Vor 20 Jahren hatte ich eine sechsjährige schwarze Hannoveranerstute als Pflegepferd. „Lerche" war ein wunderschönes Pferd und sehr lauffreudig.

Der Reitstall, in dem meine „Lerche" untergebracht war, war sehr gut geführt, hatte eine tolle Reithalle, aber nur eine Koppel, die im Nass- oder Feuchtzustand zudem nicht benutzt werden durfte. Und das war häufig der Fall. Bei schönem Wetter musste sich Lerche diese recht kleine Weide mit knapp 30 Stallgenossen im Stundentakt teilen.

Man kann Pferde nicht einfach mal kurz zusammenstellen. Sie würden mit Hufen und Zähnen Rangkämpfe austragen.

Gib mir den Mut zurück!

Darum würden uns sicher viele ehemals mutige Pferde bitten, würden sie unsere Sprache beherrschen. Gewiss sind Pferde Fluchttiere und keine aggressiven Kämpfer. Doch macht es auch keinem Pferd Spaß, ständig Angst zu haben.

Die Pferde blieben oft wochenlang in ihrer Box. Geritten wurden sie in der Halle. Irgendwann wagte sich kaum ein Pferdebesitzer mehr auf einen Ausritt. Die Pferde erschraken schon, wenn ein kleiner Spatz aufflog. Ständig scheuten sie, stiegen vor Angst oder rasten wie von Sinnen zum Stall zurück. Nicht selten fiel ein Reiter „in den Graben" und verletzte sich. Oder das Pferd fiel beim Steigen hinterrücks um. Auch das gibt es.

Lerche war draußen kaum zu halten. Ich konnte die Stute mehr als gut verstehen, dennoch flößte mir ihr Verhalten Angst ein. Ich wusste oft nicht, ob ich sie vor der nächsten Straßenüberquerung würde stoppen können. Und so ging auch ich bald nur noch selten ins Gelände.

Sie wollte einfach mal schön lange und schnell galoppieren.

Draußen anbinden und putzen ist eine gute Übung. Am besten ist es, wenn du am Anfang ein ruhiges Pferd daneben stellst. Wenn du die Zeit draußen immer weiter ausdehnst, dann findet dein Pferd normalerweise seinen alten Mut wieder. Du brauchst nur Zeit und Geduld dazu.

Dabei hatten ganz sicher wieder Lerche noch alle anderen 30 Pferde in diesem Stall ein schreckhaftes Wesen.

Hilfe für Angsthasen

Ist ein mutiges Pferd durch ständige Stallhaltung zu einem Angsthasen geworden, kannst du versuchen, ihn wieder zu heilen: Dazu muss er vor allem raus!

- Der erste Schritt wird sein, ihn regelmäßig auf eine Weide zu stellen. Am Anfang nur für ein paar Minuten und dann später immer länger.
- Am besten ist es, du bleibst die ersten Male dabei, damit du gleich zur Stelle bist, wenn deinem Schützling irgendetwas passieren sollte.
- Stelle ihm als Weidegefährten nur ein erfahrenes, ruhiges Pferd dazu.

Lasse dein Pferd anfangs auf keinen Fall alleine auf der Weide!

Mache dein Pferd zum „Polizeipferd"!

Natürlich sollst du dein Pferd nicht wirklich der Polizei zur Verfügung stellen. Aber wenn du es könntest, weil es vor fast gar nichts mehr erschreckt, wäre das doch prima. Der Anblick und die Hitze eines nahen Feuers lassen Polizeipferde cool. Plötzliche knallharte Duschen, die aus Wasserwerfern kommen, bringen die Pferde nicht aus dem Gleichgewicht, ebenso wenig wie splitternde Fensterscheiben oder manche tätliche Attacke per Fußspitze oder Faust.

> Bevor Polizeipferde auf Karnevalsumzügen, Fußballturnieren oder politischen Demonstrationen eingesetzt werden, durchlaufen sie ein sehr wirksames „Entschreck-Training". Keine Tröte oder Ratsche, kein Schuss oder Geschrei, kein Punk-Konzert oder Feuerwerk kann sie erschüttern.

Wenn Beifall zum Problemfall wird ...

Die Springpferde von Promi-Reitern sind Hürden-Cracks. Aber nicht alle können vor einem großen, bunten und lauten Publikum auftreten. Zuhause, in ihrer gewohnten Umgebung und ohne Tausende von Zuschauern, überspringen sie hohe Hürden problemlos. In der Fremde sieht es oft anders aus. Folgendes geschah auf dem wohl berühmtesten Springturnier der Welt, dem CHIO in Aachen:

Auftritt: Gladdys S.

Gladdys S. hat ihrem Reiter vertraut und der Reiter hat ihr Vertrauen nicht enttäuscht

Die höchst springbegabte Stute Gladdys S., die damals noch keine lange Turnier- und Publikumserfahrung hatte, trippelte unter ihrem Reiter Ludger Beerbaum rückwärts auf den Platz. So sehr war sie vom Anblick und Applaus des Publikums eingeschüchtert. Unter 80000 Zuschaueraugen konnte Gladdys S. erst nach einer bangen Minute und nur mithilfe der geduldigen und ruhigen Zuversicht ihres Reiters schließlich Kopf voraus den Parcour betreten, so wie es sich gehört. Nur dadurch konnte die junge Stute erkennen und lernen, dass ihr die Zuschauer ringsum kein einziges Mähnenhaar krümmen.

Nach folgendem Prinzip musst auch du mit deinem Pferd vorgehen.

Übungen zum Nachmachen

Auf den folgenden Seiten findest du verschiedene Übungen für ein wirksames „Entschreck-Training". Alle folgenden Übungen stehen dabei auf zwei Elefanten-Füßen. Damit meine ich, dass zwei Dinge ganz grundlegend wichtig sind, damit du zum einen mit deinen Übungen erfolgreich bist, aber vor allem damit eine gute Partnerschaft zwischen dir und deinem Pferd entsteht. Präge dir diese beiden Grundsätze bitte gut ein!

Grundsatz 1: Fordere von deinem Pferd einen Vertrauensvorschuss!

Aber bitte mit aller Geduld, Vorsicht, Umsicht, Weitsicht und Liebe – und zur rechten Zeit! Stelle ein Pferd, wenn es vorwiegend in der Box lebt, zuvor zwei Stunden auf die Weide, damit es sich austoben kann. Lasse dir bei den Entschreck-Übungen am besten von einem ruhigen, pferdelieben-den Reitstall-Freund helfen. Macht die Übungen mit

- 🐴 viel Zeit
- 🐴 guter Laune
- 🐴 dem „schrecklichen" Gegen-stand (z. B. Fahrrad oder Regenschirm)
- 🐴 Halfter und langer Führleine
- 🐴 Leckerli und
- 🐴 an einem ungestörten, dem Pferd vertrauten Platz, auf dem es nicht ausrutschen kann, falls es vor Schreck Hüpfer macht. Asphalt nicht so gut.

Grundsatz 2: Gib deinem Pferd den dazugehörigen Vertrauensbeweis!

Folgt dir Dein Pferd durch die vermeintliche Gefahr und ist ihm dabei nichts Unangenehmes geschehen, wird es dir das nächste Mal leichter vertrauen, auch in einer anderen Situation. Warum? Das ist das einfachste der Welt: Du hast sein Vertrauen nicht enttäuscht.

Übung 1

Der hüpfende, quakende Dosenfrosch

Der Wind macht keinen Unterschied zwischen bunten Herbstblättern und leeren Dosen. Er bläst auch Plastikflaschen, alte Zeitungen und leere Tüten durch die Landschaft. Zeitungen segeln ein Stück weit, Dosen kullern scheppernd über den Asphalt. Leere Tüten versuchen, sich knisternd aus den Fängen eines Zweiges zu befreien. Das regt viele Pferde auf, besonders, wenn sie solche Dinge und ihre Geräusche und Bewegungen nicht gewohnt sind. Zum Glück kannst du etwas dagegen tun.

> Das ist eine Übung für drei: für dich, einen Freund und dein Pferd. Ihr braucht eine leere Getränkedose (als Frosch). Sie führt über vier Hürden, die ihr am besten auf vier Tagen verteilt, zwischen denen mehrere Tage, vielleicht sogar Wochen Abstand liegen sollten.

Ganz wichtig für diese und alle weiteren Übungen: Schlägt das Pferd überrascht mit dem Kopf oder tritt es seitlich weg, dürft ihr keinesfalls an der Führleine ziehen! Das käme einer Strafe gleich und Strafen sind bei Entschreck-Übungen so wenig notwendig wie eine Zecke im Pferdeohr. Damit meine ich von euch, der die Leine hält, soll sofort nachgeben. Nur, wenn das Pferd panisch reagiert, muss man kurz und energisch am Führstrick ziehen. Das hilft, ein kopfloses Türmen zu verhindern. Stellt die Übung dann zurück und probiert es am nächsten oder übernächsten Tag wieder.

Hürde A

Bei dieser Hürde machst du dir die Neugier deines Pferdes zunutze. Von Kleinkindern behaupten viele Wissenschaftler, je neugieriger sie sind, umso intelligenter sind sie. Ist Neugierde oder Wissbegierde also ein Zeichen für Intelligenz? Ich glaube schon, auch bei Pferden.

So geht's

Einer von euch hält das Pferd an langen, locker durchhängenden Zügeln oder einem Führstrich. Er spricht mit dem Pferd und tätschelt es. Der andere hält die Dose in einer Entfernung, bei der das Pferd mit gestrecktem Hals daran schnuppern und die Dose anstupsen kann. Bleibt das Pferd bei der Übung lässig? Wenn ja, super! Lobt es bitte dafür! So geht's dann weiter: Drückt mehrfach so auf die Dose, dass sie dieses typische, knackende Dosengeräusch macht.

Die Dauer der Übung hängt von deinem Pferd und seiner Lernfähigkeit ab, also hetze es nicht!

Hürde genommen:
Wenn das Pferd auch
dann nicht erschrickt,
wenn ein bislang
ungewohntes Geräusch
in seiner Nähe ertönt,
müsst ihr es
deutlich loben.

Trage deinen Erfolg ein!

Am _____ haben
(Datum)

_____
(Helfer)
und ich mit dem Pferd

_____
(Name)

die Hürde A der Dosen-
Übung genommen.
Wir haben dazu

_____ gebraucht.
(Anzahl der Tage)

67

Hürde B

Besonders gut ist es, wenn ihr zuvor kurz die beiden Schritte von Hürde A wiederholt.

So geht's: Streiche mit der Dose plappernd vom Hals des Pferdes ganz, ganz langsam über die Seiten, über den Rücken und die Kruppe. Wenn es ruhig bleibt, dann streiche genauso seelenruhig mit der Dose von hinten nach vorne über das Pferd.

Hürde genommen:
Wenn der Dosenhalter beim Pferd keine Angst-reaktion mehr auslöst. Dann lobt das Pferd ganz ausdrücklich für seinen Mut!

Trage deinen Erfolg ein!

Am _____ haben
(Datum)

_____
(Helfer)

und ich mit dem Pferd

_____
(Name)

die Hürde B der Dosen-Übung genommen.
Wir haben dazu
_____ gebraucht.
(Anzahl der Tage)

Bei jedem Fort-schritt das Pferd kräftig loben!

Hürde C

Auch bei dieser Hürde solltet ihr die beiden ersten Schritte noch einmal kurz zuvor üben.

So geht's

Einer von euch hält das Pferd an der langen, locker durchhängenden Führleine und schaut den Helfer an. Dieser steht in etwa drei Meter Entfernung seitlich vor dem Pferd. Folgendermaßen lenkt er die Aufmerksamkeit des Pferdes auf sich: „Ja, schau mal her!", könnte er sagen, während er die Dose in die Luft wirft und wieder auffängt. „Sollen wir die mal fallen lassen? Einfach so? Was würde das wohl für ein lustiges Geräusch machen? Hm? Komm, wir machen das mal!"

Hat er die ungeteilte Aufmerksamkeit des Pferdes gewonnen, lässt er die Dose fallen. Lobt das Pferd ausgiebig, auch wenn es sich bei den ersten Malen erschreckt hat. Wiederholt diese Übung, bis euer vierbeiniger Freund völlig cool bleibt. Jetzt macht der Dosenhalter das Gleiche in einem Abstand von zwei, dann von einem Meter. Und noch einmal wird das alles wiederholt: Jetzt steht der Dosenhalter in einem Abstand von drei Metern seitlich hinter dem Pferd. Wieder lässt er die Dose scheppernd auf den Boden fallen.

Ihr solltet auf keinen Fall weniger als drei Meter Abstand lassen, wenn ihr seitlich hinter dem Pferd steht. Das ist nämlich in etwa die Ausschlagdistanz. Unter drei Metern kann euch der Huf des Pferdes böse treffen!

Hürde genommen: Wenn die fallende Dose beim Pferd keine Angstreaktion mehr auslöst. Überschüttet das Pferd mit Lob!

Trage deinen Erfolg ein!

Am _____ haben
(Datum)

_____
(Helfer)
und ich mit dem Pferd

_____
(Name)

die Hürde C der Dosen-Übung genommen.
Wir haben dazu
_____ gebraucht.
(Anzahl der Tage)

Hürde D

So geht's

Nachdem ihr noch einmal den letzten Schritt von Hürde C wiederholt habt, hält einer von euch das Pferd an der locker durchhängenden Führleine. Der Helfer steht in drei Meter Entfernung seitlich vor dem Pferd.

Er lenkt die Aufmerksamkeit des Pferdes auf sich, indem er die Dose in die Luft wirft, wieder auffängt und dabei beruhigend auf das Pferd einredet. „Sollen wir die mal über den Boden rollen lassen? Als würde ein Wahnsinns-Wind wehen? Was macht das wohl für ein Geräusch? Hm? Komm, wir versuchen das einfach mal!"

Hat er die ungeteilte Aufmerksamkeit des Pferdes gewonnen, lässt er die Dose mit Schwung über den Boden, ungefähr drei Meter am Pferd vorbeirollen. Lobt das Pferd ausgiebig, auch wenn es sich erschreckt hat.

Wiederholt diese Übung, bis euer vierbeiniger Freund völlig cool bleibt. Jetzt macht der Dosenhalter das Gleiche in einem Abstand von zwei und dann von einem Meter, später auch seitlich hinter dem Pferd.

Achtet bei den Übungen seitlich hinter dem Pferd immer auf den nötigen Abstand zum Pferdehuf!

Hürde genommen: Wenn die rollende Dose beim Pferd keine Angstreaktion mehr auslöst, überschüttet das Pferd mit Lob!

Trage deinen Erfolg ein!

Am _____ haben
(Datum)

_____
(Helfer)

und ich mit dem Pferd

_____
(Name)

die Hürde D der Dosen-Übung genommen.

Wir haben dazu

_____ gebraucht.
(Anzahl der Tage)

Damit haben wir die gesamte Dosen-übung erfolgreich abgeschlossen. Wieder haben wir ein Stück mehr Vertrauen zueinander gewonnen.

Übung 2

Das angreifende Fahrrad

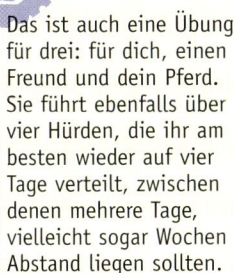

Sehr viele Unfälle geschehen auf Ausritten, weil sich ein Fahrradfahrer fast
lautlos von hinten nähert. Die Pferde
erschrecken und laufen – mit dir oder
ohne dich – davon.

Das ist auch eine Übung
für drei: für dich, einen
Freund und dein Pferd.
Sie führt ebenfalls über
vier Hürden, die ihr am
besten wieder auf vier
Tage verteilt, zwischen
denen mehrere Tage,
vielleicht sogar Wochen
Abstand liegen sollten.

Die Übung ist nicht
geeignet für Pferde, die
oft ausschlagen.

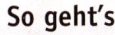

Hürde A

So geht's

Einer von euch hält das Pferd an einer langen, locker durchhängenden Führleine. Der andere hält das Fahrrad in einer Entfernung, aus der das Pferd mit gestrecktem Hals daran schnuppern
und es anstupsen kann.

**Hürde genommen:
Sobald das Pferd weniger
Angst zeigt und weder
mit den Beinen noch
mit dem Kopf vor dem
Fahrrad zurückweicht,
wird die Übung mit viel,
viel Lob beendet.**

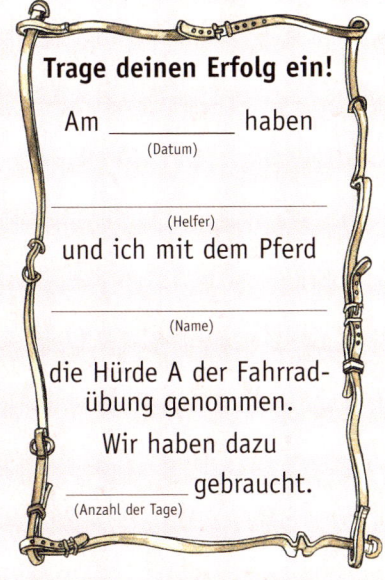

Trage deinen Erfolg ein!

Am _____ haben
(Datum)

_____
(Helfer)

und ich mit dem Pferd

_____
(Name)

die Hürde A der Fahrrad-
übung genommen.

Wir haben dazu

_____ gebraucht.
(Anzahl der Tage)

Besonders gut ist es, wenn ihr zuvor kurz noch einmal die Hürde A wiederholt.

So geht's

Einer von euch hält das Pferd an einer langen, locker durchhängenden Führleine. Der andere schiebt das Fahrrad schräg von vorne auf das Pferd zu und dann daran vorbei. Drei Meter hinter dem Pferd wendet er und schiebt das Fahrrad wieder zurück. Dabei plappert oder summt er die ganze Zeit, sodass das Pferd ihn gut hören kann. Zuckt das Pferd nicht mehr zusammen, geht es weiter: Einer von

euch fährt jetzt die gleiche Strecke ganz langsam auf dem Fahrrad, wieder pfeifend, singend oder plappernd. Wenn das Pferd dabei cool bleibt, kommt der letzte Schritt: Der Fahrradfahrer steigert sein Tempo allmählich.

Hürde genommen:
Wenn der Fahrradfahrer in einem Abstand von etwa drei Metern an dem Pferd zügig vorbeifahren kann, ohne dass es Angst zeigt. Überschüttet das Pferd mit Lob!

Trage deinen Erfolg ein!

Am _____ haben
(Datum)

_____
(Helfer)
und ich mit dem Pferd

_____
(Name)

die Hürde B der Fahrradübung genommen.
Wir haben dazu
_____ gebraucht.
(Anzahl der Tage)

Hürde C

Bevor ihr diese Hürde angeht, wiederholt noch einmal die letzten Schritte von Hürde B.

So geht's

Der Ablauf ist derselbe wie bei Hürde B, mit dem Unterschied nur, dass sich der Fahrradfahrer jetzt bei jedem Schritt lautlos nähert.

Hürde genommen:
Wenn der Fahrradfahrer
in einem Abstand von
etwa drei Metern an
dem cool bleibenden
Pferd vorbeiradeln
kann. Lobt das Pferd
überschwänglich!

Trage deinen Erfolg ein!

Am _____ haben
        (Datum)

_____
              (Helfer)
und ich mit dem Pferd

_____
              (Name)

die Hürde C der Fahrrad-
übung genommen.
Wir haben dazu
_____ gebraucht.
(Anzahl der Tage)

Dieses Pferd ist interessiert: „Ein Fahrrad kenne ich schon. Und was ist das?"

Hürde D

Wiederholt auch jetzt noch einmal
Hürde C.

So geht's
Einer von euch hält das Pferd an einer langen,
locker durchhängenden Führleine. Der andere hält
das Fahrrad in etwa drei Meter Entfernung seitlich vor dem
Pferd fest. Einer von euch lenkt die Aufmerksamkeit des
Pferdes auf das Fahrrad. Sagt ruhig, mit spannungsgelade-
ner Stimme: „Schau einmal, das Fahrrad hier! Sollen wir
es umfallen lassen? Hm?
Sollen wir mal zusammen
hören, wie das klingt?"
Wenn das Pferd das Fahrrad
aufmerksam anschaut, lasst
ihr es umkippen. Danach lasst
ihr das Fahrrad im Drei-Meter-
Abstand seitlich hinter dem
Pferd umfallen.

Trage deinen Erfolg ein!

Am _____ haben
(Datum)

_____
(Helfer)

und ich mit dem Pferd

_____
(Name)

die Hürde D der Fahrrad-
Übung genommen.

Wir haben dazu

_____ gebraucht.
(Anzahl der Tage)

Hürde genommen:
Sobald das Pferd nicht
mehr allzu sehr
zusammenzuckt, wird
die Übung mit viel, viel
Loben beendet.
Am besten ist es, wenn
das Pferd sich nach so
vielen Fahrrad-Stürzen
allmählich langweilt.

Damit haben wir die
gesamte Fahrrad-
übung erfolgreich
abgeschlossen. Da-
durch haben wir ein
Stück mehr Vertrauen
zueinander gewonnen.

Übungen

75

Übung 3

Der schnappende, beißende Regenschirm

Plötzlich aufspringende Regenschirme von Spaziergängern oder schon geöffnete Regenschirme jagen sehr vielen Pferden einen gehörigen Schrecken ein. Bei Fotoaufnahmen für Pferdezeitschriften macht man sich das zunutze: Hinter dem Fotografen wedelt der Assistent mit einem Regenschirm, damit das Model-Pferd den Kopf hebt und schön die Ohren spitzt. Das sieht auf Fotos nämlich toll aus.

Noch unangenehmer sind die Mini-Dächer, wenn dein Pferd sowieso schon zappelig wird, sobald die ersten Tropfen vom Himmel fallen. Schnippen dann auch noch Regenschirme auf, ist es schnell passiert, dass dein Pferd den unkontrollierten Rückzug antritt.

Das ist auch eine Übung für drei: für dich, einen Freund und dein Pferd. Sie führt ebenfalls über vier Hürden, die ihr am besten wieder auf vier Tage verteilt, zwischen denen mehrere Tage, vielleicht sogar Wochen Abstand liegen sollten.

Einer Herde neugieriger Jungtiere kann man so ganz stressfrei den Regenschirm vorstellen.

Hürde A

Bei dieser Übung machst du dir die Neugier deines Pferdes zunutze.

So geht's

Einer von euch hält das Pferd an einer langen, locker durchhängenden Führleine. Er redet mit dem Pferd und tätschelt es. Der andere lässt das Pferd an dem geschlossenen Regenschirm schnuppern und ihn anstupsen. Bleibt das Pferd dabei lässig? Super!

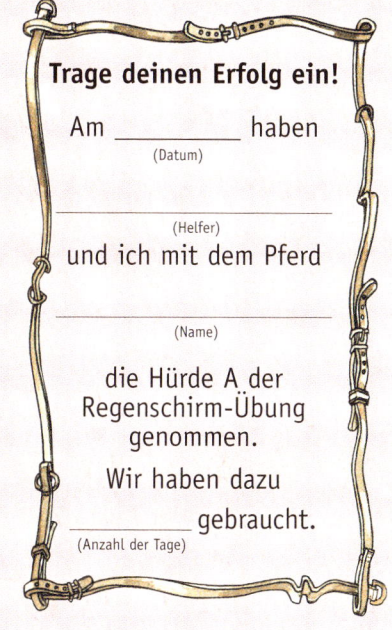

Trage deinen Erfolg ein!

Am _____ haben
   (Datum)

_____
   (Helfer)

und ich mit dem Pferd

_____
   (Name)

die Hürde A der
Regenschirm-Übung
genommen.

Wir haben dazu

_____ gebraucht.
(Anzahl der Tage)

Hürde B

Wiederholt am besten noch einmal Hürde A, bevor ihr mit dem zweiten Schritt weitermacht.

So geht's

Jetzt streicht der mit dem Regenschirm plappernd vom Hals des Pferdes ganz, ganz langsam über die Seiten, über den Rücken und die Kruppe. Wenn das klappt, streicht er genauso langsam mit dem Regenschirm von hinten nach vorne über das Pferd.

Wenn das Pferd im Verlauf der Übung ängstlich wird, dann hört sofort auf oder geht wieder einen Schritt zurück.

Weicht das Pferd dem Regenschirm beispielsweise aus, sobald ihr damit am Rücken anlangt, nehmt den Schirm sofort vom Pferd weg. Wenn es sich beruhigt hat, fangt noch einmal an der Halsmitte an. Manchmal geht es nur Zentimeter für Zentimeter Richtung Po vorwärts und ihr müsst „tausendmal" von vorne anfangen, aber eure Geduld und Mühe lohnen sich.

Hürde genommen:
Wenn der Schirmhalter beim Pferd keine Angstreaktion mehr auslöst, lobt das Pferd überschwänglich!

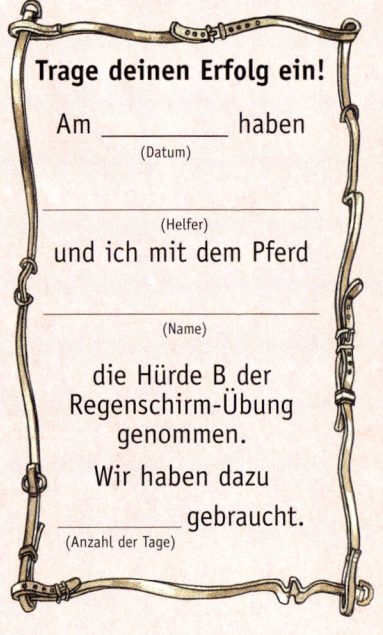

Trage deinen Erfolg ein!

Am _____ haben
(Datum)

_____
(Helfer)
und ich mit dem Pferd

_____
(Name)

die Hürde B der Regenschirm-Übung genommen.

Wir haben dazu

_____ gebraucht.
(Anzahl der Tage)

Hürde C

Wiederholt am besten noch einmal Hürde B, bevor ihr mit dem nächsten Schritt weitermacht.

So geht's

Einer von euch hält das Pferd an langen Zügeln oder einer locker durchhängenden Führleine und schaut den Helfer an. Der steht in etwa drei Meter Entfernung seitlich vor dem Pferd. Etwa so lenkt er die Aufmerksamkeit des Pferdes auf sich: „Ja, schau mal her!", könnte er sagen, während er mit dem geschlossenen Regenschirm in

Ihr dürft dazu auf keinen Fall einen automatischen Schirm verwenden. Der springt für diese Übung viel zu schnell auf.

der Luft wedelt. „Sollen wir den mal aufmachen? Einfach so? Wäre das interessant? Ja? Würde dir das gefallen?" Hat er die ungeteilte Aufmerksamkeit des Pferdes gewonnen, macht er den Schirm ganz langsam auf. Lobt das Pferd ausgiebig, auch wenn es sich er-

schreckt hat. Wiederholt diese Übung, bis euer vierbeiniger Freund völlig cool bleibt. Jetzt macht der Schirmhalter das Gleiche in einem Abstand von zwei Metern.

Hürde genommen: Wenn das Schirm-Öffnen beim Pferd keine Angstreaktion mehr auslöst. Überschüttet das Pferd mit Lob!

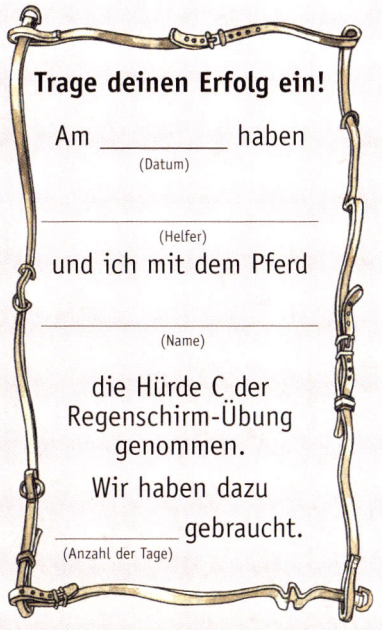

Trage deinen Erfolg ein!

Am _____ haben
(Datum)

_____
(Helfer)

und ich mit dem Pferd

_____
(Name)

die Hürde C der Regenschirm-Übung genommen.

Wir haben dazu

_____ gebraucht.
(Anzahl der Tage)

Wiederholt am besten noch einmal Hürde C, bevor ihr mit dem nächsten Schritt weitermacht.

So geht's

In der letzten Stufe steht der Schirmhalter im Abstand von drei Metern seitlich hinter dem Pferd. Aber denkt daran: Die Ausschlagdistanz beträgt wirklich etwa drei Meter, also niemals bei solchen Übungen in einem geringeren Abstand hinter einem Pferd stehen. Wiederholt hier die Übung aus Hürde C.

**Hürde genommen:
Wenn das Schirm-
öffnen auch hinter
dem Pferd keine
Angstreaktion mehr
auslöst. Über-
schüttet
das Pferd
mit Lob!**

Trage deinen Erfolg ein!

Am _____ haben

(Datum)

_____

(Helfer)

und ich mit dem Pferd

_____

(Name)

die Hürde D der
Regenschirm-Übung
genommen.

Wir haben dazu

_____ gebraucht

(Anzahl der Tage)

Damit haben wir die
gesamte Fahrrad-
übung erfolgreich
abgeschlossen.
Wieder haben wir ein
Stück mehr Vertrauen
zueinander gewonnen.

Das Training erweitern

Jetzt, nach all diesen wertvollen Übungen, bist du schon eine richtig gute Trainerin. Mit welchen Gegenständen kannst du noch trainieren? Welche fallen dir ein, wenn du an die Umgebung deines Reitstalls denkst? Vor was erschrickt dein Pferd in schönster Regelmäßigkeit? Vor was könnte es erschrecken? Schreibe es am besten gleich auf, damit du es nicht vergisst!

Ich werde das Entschreck-Training erweitern ...

🐎 … mit einer leeren, knisternden Plastiktüte.

🐎 … indem ich mein Pferd immer wieder an diesem, im Garten kläffenden Hund vorbeiführe.

🐎 … mit einem stark verzweigten und belaubten Ast.

🐎 … mit einer „geladenen" Wasserspritzpistole.

🐎 _____

🐎 _____

🐎 _____

🐎 _____

Ich wünsche dir viel Freude und Erfolg beim weiteren Training mit deinem Pferd!

Schau mich an!

Schon der bloße Anblick eines Pferdes kann dir viel über sein Leben und seine Verfassung verraten, auch wenn du noch kaum Erfahrung mit Pferden hast.

Auf einen Blick

Was das Aussehen verrät

Den Zustand eines Pferdes einzuschätzen lernt man im Laufe seiner „Pferde-Zeit" immer besser. Hier ein paar Tipps, die dir den Einstieg erleichtern. Für die vielen folgenden Erkenntnisse brauchst du nicht einmal deine Hände, denn schon der erste Blick kann dir sehr viel sagen.

Am Pferd, gibt es Stellen, die besonders wichtig sind, weil sie dir viel erzählen können. Die „fünf Kennerblicke" schweifen vom Kopf und Hals über den Rücken und Po bis zu den Hufen.

Erster Kennerblick: das Gesicht

Fangen wir mit den Augen an!
Wenn du viel Weiß in den Augen siehst, kann das Pferd sehr schreckhaft sein, ja sogar panische Dauer-Angst haben. Solche Pferde sind nur sehr schwer locker zu reiten. Sie sind oft längere Zeit in falschen, groben oder sogar brutalen Händen gewesen. Oder sie wurden durch einen schlimmen Unfall so panisch, zum Beispiel im Verkehr. Die nachfolgenden langwierigen und oft sehr unangenehmen Heilbehandlungen sind dann noch zusätzlicher Stress. Ein solches Pferd gehört nur in die Hände erfahrener Pferdekenner!

Du kannst deinen Pferdeblick gut trainieren indem du versuchst, fremde Pferde durch die fünf genauen Kennerblicke zu bewerten.

Meistens sind die Panik-Pferde total verkrampft und bleiben es leider auch.

Gesundes Auge

Sieht ein Auge aus, als wäre es mit einer dünnen, milchigen Perlmutt-Schicht überzogen, ist das Pferd auf diesem Auge blind oder fast blind. Manchmal löst sich diese „Milch" nach Wochen wieder auf und das Pferd kann wieder anständig sehen. Meistens aber bleibt sie.

Wenn die Augen stark tränen, können häufige Fliegenbesuche daran schuld sein, besonders im Sommer. Hilfreich sind „Kopfvorhänge" aus Baumwolle, die man über das Stallhalfter oder Zaumzeug ziehen kann. Für das Pferd sind sie wie ein zusätzlicher Mähnenschopf. Auch der natürliche Haarschopf schützt vor Fliegen. Bei vielen Pferden ist er aber so kurz oder dünn, dass er nicht über die Augen fällt.

Du kannst ein halbseitig erblindetes Pferd ganz normal reiten. Es kann jedoch sein, dass es besonders schreckhaft auf ungewohnte Geräusche an seiner „blinden Seite" reagiert.

Sind die Augen gerötet und tränen, kann das Pferd eine Bindehautentzündung haben. Oder es hat Parasiten, die in den Augen leben. Beides kannst du in der Regel durch Salben vom Tierarzt beheben.

Wie sehen Nase und Lippen aus?
Ein Blick auf die Nüstern verrät dir, ob das Pferd kranke Atemwege hat. Milchiger Schleim ist schlecht. Er kann ansteckend sein. Trüber Nasenausfluss erfordert schnell den Tierarzt, genau wie Husten.

Hängt die Unterlippe schlaff herunter? Dann hat das Pferd sicher auch schwere Augenlider und steht nur mit einem Hinterbein fest auf dem Boden: Das Pferd ist schlichtweg nur müde und döst. – Also: „Psst"!

Für diesen Hengst sind die schlimmen Zeiten längst vorbei. Die dunkle Narbe auf dem Nasenrücken zeugt vom früheren Einsatz einer gezackten Eisenzäumung.

Der Nasenrücken

Der empfindliche Nasenrücken ist manchmal blutig oder vernarbt, besonders bei Hengsten. Das kommt von einer gezackten, sehr scharfen Eisenzäumung oder einem ähnlich harten „Erziehungs-Instrument", mit dem sich manche Leute ihr Pferd „gefügig" machen. Meiner Meinung nach ist das eine sehr schlechte Erziehung!

Schlawiner

Steht das Pferd auf der Weide und trägt es im Gegensatz zu den meisten anderen Pferden ein Halfter auf dem Kopf? Vielleicht noch mit einem Stück Führstrick unten dran? Dann lässt es sich vermutlich nicht so leicht einfangen. So ein gewitztes Pferd mit einer schnellen, geschickten Bewegung am Führstrick oder am Halfter packen zu können, spart Zeit und Nerven!

Zweiter Kennerblick: der Hals des Pferdes

Die Mähne

Ist die Mähne überall gleich lang? Und ist sie ungefähr so lang wie eine Hand breit? Dann wurde sie „verzogen". Das ist eine spezielle Rupftechnik, die geübt sein will. Sie kostet auch viel Zeit. Am besten, du lässt dir von einem erfahrenen Reiter zeigen, wie sie funktioniert: Ein paar Haare werden um den Mähnenkamm gewickelt und ausgerissen. Keine Sorge, das tut dem Pferd nicht weh.

Wer die Mähne verzieht, legt Wert auf ein gepflegtes Pferd, das jederzeit auf einem Turnier starten könnte – und es vielleicht auch regelmäßig tut. Ein fast sicheres Zeichen für einen Turnierbesuch ist eine eingeflochtene Mähne.

Der Hals

Hat das Pferd ein Brandzeichen auf dem Hals? Oder auf dem rechten oder dem linken Hinterschenkel? Dann ist es ein Rassepferd mit Abstammungspapieren. Jede Rasse hat ein eigenes Zeichen. Aber auch, wenn das Pferd kein Brandzeichen trägt, kann es durchaus reinrassig sein und Papiere haben.

Längst nicht mehr alle Rassepferde werden gebrannt.

Dritter Kennerblick: Rücken und Bauch

Der Rücken

Wenn das Boxenpferd eine Decke trägt, kannst du vom Rücken nicht viel sehen. Dafür erzählt die Decke etwas. Im Herbst will der Reiter mit dem Eindecken verhindern, dass dem Pferd ein zu dicker Winterpelz wächst. Ein dichtes Fell lässt das Pferd beim Reiten schneller schwitzen. Danach würde es jedes Mal viel Zeit kosten, um es trocken zu reiten, zu führen oder

> **Das Computer-Pferd**
> Der Mikrochip hat seinen Siegeszug angetreten. Der Chip, ein winziges Ding mit einer Nummer, wird vom Tierarzt in den Hals „gespritzt" und kann fortan abgescannt werden, ein ganzes Pferdeleben lang. Unter der Nummer sind in einem zentralen Register die wichtigsten Angaben wie Art, Geschlecht, Farbe und Abzeichen gespeichert.

> Um Arbeit zu sparen scheren viele Reiter ihre Boxenpferde. Das Winterfell wird also kurz geschnitten. Damit das Pferd danach im Stall nicht friert, wird es eingedeckt.

mit Stroh zu reiben. Diese Zeit will sich der Reiter sparen. Außerdem kann sich ein schweißnasses Pferd sehr schnell erkälten. Dieser Gefahr entgeht das Pferd, wenn es nach der Arbeit in der Reitbahn zügig trocknet.

Wenn das Pferd einen sehr tiefen Rücken hat – gebogen wie die Kufen eines Schaukelpferds – hat es einen „Senkrücken". Vermutlich ist das Pferd ein altes Reitpferd.

Vielleicht ist es schon 20 Jahre oder älter. Es mag sein, dass man das Pferd in zu jungen Jahren zu viel geritten hat. Oder dass es eine Stute ist, die in ihrem Leben oft dicke Fohlenbäuche getragen hat.

In einigen Ländern werden Pferde mit Nummer gekennzeichnet und dadurch vor Diebstahl geschützt: In den USA durch das Tätowieren der Innenseite der Oberlippe oder Ohres, in England durch das Einbrennen auf einem Huf. Eine moderne Form ist der „Brand" mit einem eiskalten Eisen an der Stelle, wo der Sattel sitzt.

Beim Fellwechsel verliert das Pferd sehr viele Haare.

Nichtweiße Pferde haben manchmal weiße Flecken im Fell, besonders auf der Fläche, wo beim Reiten der Sattel liegt. Das sind verheilte Druckstellen von schlecht sitzenden Sätteln. Das Fell wird dort nie wieder die gleiche Farbe haben wie das Pferd. Es bleibt auch nach zwanzig Fellwechseln verräterisch weiß.

Hat das Pferd eine schmutzig wirkende, sattelförmige Fläche auf dem Rücken? Das ist angetrockneter Schweiß. Das Pferd wurde also kürzlich geritten. Nett ist es, wenn der Reiter das Fell auch nach dem Reiten sauber bürstet oder mit Wasser und Schwamm auswäscht. Manchmal fehlt aber die Zeit.

Der Bauch

Stehen bei dem Pferd die Rippen heraus, bei den meisten anderen Pferden aber nicht? Es kann schon alt sein. Sehr betagte Pferde magern ab. Oder das Pferd ist „schwerfuttrig", das heißt, es setzt trotz reichlich Futter kein Fett und Fleisch an. Hat das Pferd an beiden Seiten des Bauchs abgeriebenes Fell oder offene Wunden, kommt das vom Reiten. Manche Pferde sind sehr empfindlich und verlieren an den Stellen, wo der Reiter treibt, das Fell. Offene Wunden aber sind ein Zeichen, dass scharfe Sporen brutal eingesetzt werden.

> Ist das Pferd ein Achal-Tekkiner, sind herausstehende Rippen normal. Seine im Vergleich zu den anderen Pferden übermäßige Schlankheit ist ein Merkmal seiner Rasse.

Vierter Kennerblick: der Schweif

Ist der Schweif dunkel verklebt? Das ist ein Zeichen für Durchfall. Ausgelöst wird er häufig durch verdorbenes oder ungewohntes Futter, aber auch durch starken Wurmbefall. Was eigentlich wie Pferdeäpfel aussehen sollte, ähnelt Kuhfladen.

Wenn das Pferd geht, und der Schweif dabei nach einer Seite geknickt ist, weist das auf Schmerzen hin.

Wirkt der Schweif seltsam kurz und „abgenagt"? Viele noch sehr junge Pferde tragen so einen Schweif. Er wird mit der Zeit länger und fülliger werden. Oder der Schweif ist tatsächlich abgenagt. Vielleicht steht der heimliche „Schweifnager" auf der gleichen Weide. Das kann eine Ziege sein, ein Pony oder ein anderes Pferd. Der „Appetit auf Haare" hat nichts mit Hunger zu tun. Es ist einfach eine „dumme" Angewohnheit.

> Ist der Schweif am Ansatz ab- oder aufgeschrubbert? Dann braucht das Pferd dringend eine Wurmkur. Oder es reagiert allergisch gegen Mücken, die besonders gerne unter der Schweifrübe stechen.

Fünfter Kennerblick: die Hufe

Unser letzter Kennerblick gilt den Hufen des Pferdes. Sind sie mit Hufeisen beschlagen? Dann kannst du die schmalen Eisenränder sehen, wenn das Pferd steht. Wenn es geht und du hinter dem Pferd stehst – natürlich mit einem Sicherheitsabstand –, bemerkst du die Eisen noch leichter. Ein beschlagenes Pferd in Deutschland wird normalerweise geritten. Asphalt würde unbeschlagene Hufe schnell zu kurz raspeln. Dann würde das Gehen dem Pferd Schmerzen bereiten. Hufeisen verhindern dies.

> Das Beschlagen tut dem Pferd übrigens überhaupt nicht weh, egal ob es mit heißen oder kalten Eisen beschlagen wird.

Asphaltstrecken wirken wie gigantische Feilen.

> Befinden sich in den Hufen Längs- oder Querrisse, deutet das auf schlechte Pflege oder sogar eine Krankheit hin.

Das gesunde Pferd

Bei einem erwachsenen Pferd gibt es viele Kennzeichen, die dir zeigen, dass es gesund ist.

Weiches, glänzendes Fell

Temperatur: 38,3–38,6° C

Gleichmäßiger, glänzender Schweif ohne kahle Stellen

Elastische Haut

Der Bauch ist nicht aufgebläht, sondern hat seine Wölbung entsprechend der Fütterung: Ein Stall-pferd hat einen schlankeren, ein Weidepferd einen runderen Bauch.

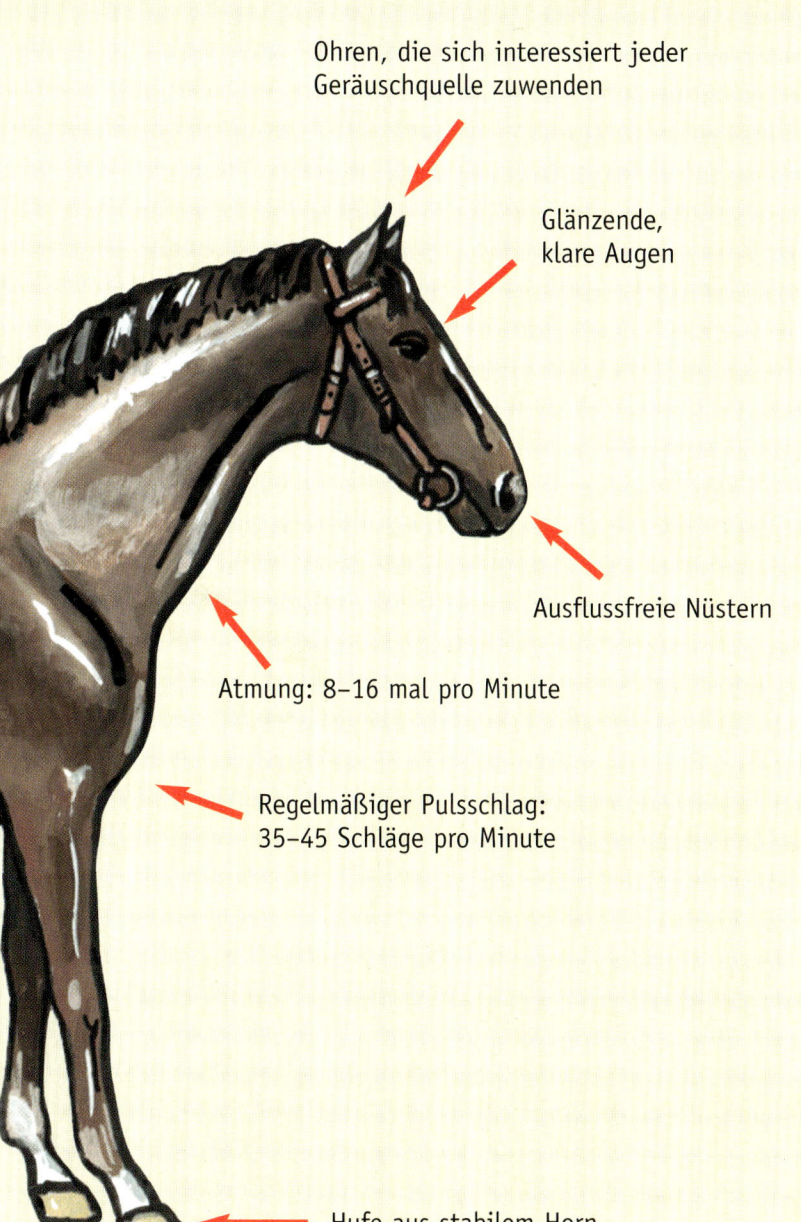

Ohren, die sich interessiert jeder
Geräuschquelle zuwenden

Glänzende,
klare Augen

Ausflussfreie Nüstern

Atmung: 8–16 mal pro Minute

Regelmäßiger Pulsschlag:
35–45 Schläge pro Minute

Hufe aus stabilem Horn

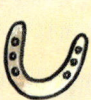

Register

Impressum

Fotonachweis:
www.RamonaDuenisch.de: S. 46, 51, 68, 74/75, 91; Sybille und
Klaus Mellenthin: S. 4, 8, 11, 13, 15, 16, 21, 24, 26, 29, 31, 39, 40,
44, 48, 53, 57, 76, 86; MEV: S. 22/23, 48/49; Mt-color: S. 20, 42/43,
62/63, 87, 90; Ulla Rafail: S. 18, 32, 35, 37, 55, 81, 82, 89

Illustrationen:
Stefan Ohmstede, Hannover

Umschlagfotos:
Großes Foto: Ulla Rafail, Kleine Fotos: Ramona Dünisch, Sybille und
Klaus Mellenthin

In neuer Rechtschreibung

© 2001 by Ensslin im Arena Verlag GmbH, Würzburg
Ensslin Anschrift: Harretstraße 6, 72800 Eningen

Konzeption und Realisation: Hampp Media GmbH, Stuttgart

Fachberatung: Martina Roedl, Christiane Fuchs-Westhauser

Umschlaggestaltung:
Petra Hille und Andrea Zank, Hampp Media GmbH, Stuttgart

Redaktion: Eva Karl, Dr. Eva Eckstein und Christiane Fuchs-Westhauser,
Hampp Media GmbH, Stuttgart

Repro: Text und Bild Baun

Satz: pws Print und Werbeservice Stuttgart GmbH, Stuttgart

Druck und Binden: J. P. Himmer GmbH & Co. KG, Augsburg

Printed in Germany

ISBN 3-401-41507-7